Como Avaliar Sua Vida?

Em Busca do Sucesso Pessoal e Profissional

TAMBÉM DE AUTORIA DE CLAYTON M. CHRISTENSEN

O Dilema da Inovação

The Innovator's Solution

Inovação na gestão da saúde: A receita para reduzir custos e aumentar qualidade

Disrupting Class

The Innovator's DNA

The Innovative University

COMO AVALIAR SUA VIDA?

~

EM BUSCA DO SUCESSO PESSOAL E PROFISSIONAL

CLAYTON M. CHRISTENSEN,
James Allworth e Karen Dillon

ALTA BOOKS
EDITORA
Rio de Janeiro, 2012

ISBN: 978-857608-767-0

Produção Editorial
Editora Alta Books

Gerência Editorial
Anderson Vieira

Supervisão Editorial
Angel Cabeza
Augusto Coutinho

Controle de Qualidade Editorial
Pedro Sá
Sergio Luiz de Souza

Editoria de Negócios
Cristiane Santos
Juliana de Paulo
Marcelo Vieira
Vanessa Gomes
Vinicius Damasceno

Equipe de Design
Adalberto Taconi
Andréa Bellotti
Bruna Serrano
Iuri Santos
Marco Aurélio Silva

Equipe Editorial
Brenda Ramalho
Camila Werhahn
Claudia Braga
Daniel Siqueira
Evellyn Pacheco
Gianna Campolina
Isis Batista
Jaciara Lima
Lara Gouvêa
Licia Oliveira
Milena Souza
Patrícia Fadel
Paulo Camerino
Rafael Surgek
Thiê Alves

Tradução
Juliano dos Anjos

Copidesque
Equipe Alta Books

Revisão Gramatical
Fátima Chaves

Diagramação
Jean Barbaro

Marketing e Promoção
Daniel Schilklaper
marketing@altabooks.com.br

1ª Edição 2012

Dados Internacionais de Catalogação na Publicação (CIP)

C554c Christensen, Clayton M.
Como avaliar sua vida? : em busca do sucesso pessoal e profissional / Clayton M. Christensen, James Allworth e Karen Dillon – Rio de Janeiro, RJ : Alta Books, 2012.
228 p.
Tradução de: How Will You Measure Your Life.
ISBN 978-85-7608-767-0

1. Autorrealização (Psicologia). 2. Sucesso. 3. Sucesso nos negócios. 4. Satisfação no trabalho. 5. Conduta. 6. Satisfação pessoal. 7. Relações humanas. 8. Felicidade. I. Allworth, James. II. Dillon, Karen. III. Título.

CDU 159.947.5
CDD 158.1

Índice para catálogo sistemático:
1. Psicologia : Autorrealização 159.947.5
(Bibliotecária responsável: Sabrina Leal Araujo – CRB 10/1507)

ALTA BOOKS
EDITORA

Rua Viúva Cláudio, 291 – Bairro Industrial do Jacaré
CEP: 20970-031 – Rio de Janeiro – Tels.: 21 3278-8069/8419 Fax: 21 3277-1253
www.altabooks.com.br – e-mail: altabooks@altabooks.com.br
www.facebook.com/altabooks – www.twitter.com/alta_books

SUMÁRIO

Para nossas famílias

Como Avaliar Sua Vida?

Em Busca do Sucesso Pessoal e Profissional

PRÓLOGO

~

No último dia do curso que leciono na Escola de Negócios de Harvard, eu normalmente começo dizendo aos meus alunos o que observei entre meus próprios colegas de faculdade depois que nos graduamos. Assim como em todas as outras faculdades, os nossos reencontros a cada cinco anos nos proporcionam uma série de lembranças fascinantes. A faculdade é excelente em atrair seus alunos para esses eventos, que são arrecadadores de doações essenciais; o tapete vermelho é estendido para um leque de oradores e eventos de alto nível. Meu reencontro de cinco anos não foi diferente e tivemos uma enorme participação. Olhando ao redor, todos pareciam tão educados e prósperos, não poderíamos deixar de sentir que realmente fazíamos parte de algo especial.

Nós claramente tínhamos muito a comemorar. Meus colegas de classe pareciam estar indo muito bem. Eles tinham ótimos empregos, alguns foram trabalhar em locais exóticos, e a maioria deles tinha conseguido casar com cônjuges muito mais bonitos do que eles próprios. Suas vidas pareciam destinadas a ser algo fantástico em todos os níveis.

Mas em nossa reunião de dez anos, coisas que nunca tínhamos esperado se tornaram cada vez mais comuns. Alguns dos colegas que eu estava ansioso para rever não estavam presente, e eu não fazia ideia do porquê. Aos poucos, ligando para eles ou perguntando para os outros amigos, eu montei o quebra-cabeça. Entre os meus colegas, havia executivos de empresas renomadas de consultoria e finanças como a McKinsey&Co. e a Goldman Sachs, outros estavam em seu caminho para lugares de liderança nas empresas que figuram na lista Fortune 500, alguns já eram empresários bem-sucedidos, e alguns estavam ganhando enormes quantidades de dinheiro capazes de mudar a vida de uma pessoa.

Apesar dessas realizações profissionais, muitos deles estavam visivelmente infelizes.

Por trás da fachada de sucesso profissional, havia muitos que não gostavam do que estavam fazendo. Havia, também, inúmeras histórias de divórcios ou casamentos infelizes. Lembro-me de um colega que não tinha conversado com seus filhos em anos, que estava agora vivendo na costa oposta do lugar onde seus filhos moravam. Outro estava em seu terceiro casamento desde que nos formamos.

Meus colegas não eram apenas algumas das pessoas mais brilhantes que conheci, mas algumas das pessoas mais decentes, também. Na formatura, tinham planos e visões sobre o que realizariam, não apenas em suas carreiras, mas em suas vidas pessoais também. Mas algo tinha dado errado para alguns deles ao longo do caminho: suas relações pessoais começaram a se deteriorar, até mesmo quando suas perspectivas profissionais floresciam. Senti que eles tinham vergonha de explicar a seus amigos o contraste nas trajetórias de suas vidas pessoal e profissional.

Na época, eu achava que não era nada grave, apenas uma espécie de crise de meia idade. Mas em nossos encontros de 25 e 30 anos, os problemas estavam piores. Um de nossos colegas, Jeffrey Skilling, havia parado na prisão por causa de sua participação no escândalo Enron.

O Jeffrey Skilling que eu conhecia de nossos anos em Harvard era um bom homem. Era inteligente, trabalhava duro, amava a família. Ele havia sido um dos mais novos sócios da história da McKinsey&Co. e, mais tarde, passou a ganhar mais de 100 milhões de dólares em um único ano como CEO da Enron. Mas, ao mesmo tempo, sua vida pessoal não era tão bem-sucedida: seu primeiro casamento terminou em divórcio. Eu, certamente, não reconheci o tubarão das finanças retratado na mídia à medida que ele se tornou cada vez mais proeminente. No entanto, quando a sua carreira inteira se desfez por causa de sua condenação em várias acusações por crimes federais relativos ao colapso financeiro da Enron, não só fiquei chocado com o fato de ele ter falhado, mas também pela forma espetacular como ele tinha feito aquilo. Certamente, algo o tinha posto no caminho errado.

Insatisfação pessoal, fracassos familiares, dificuldades profissionais, até mesmo comportamento criminoso — esses problemas não se restringiam apenas aos meus colegas de Harvard. Eu vi o mesmo acontecer com os meus colegas nos anos após nos formarmos como bolsistas Rhodes na Universidade de Oxford. Para receber essa oportunidade, meus colegas tiveram que demonstrar excelência acadêmica extraordinária; desempenho superior em atividades extracurriculares, como esportes, política ou escrita; e contribuições significativas para suas comunidades. Eles eram pessoas inteligentes, experientes e realizadas que, claramente, tinham muito a oferecer ao mundo.

Mas como o passar dos anos, alguns dos meus 32 colegas da Rhodes também vivenciaram decepções semelhantes. Um deles teve um papel de destaque em um grande escândalo relacionado ao abuso de informações, como foi relatado no livro *Covil de Ladrões*. Outro foi parar na prisão por causa de um relacionamento sexual com uma adolescente que havia trabalhado em sua campanha política. Ele era casado e tinha três filhos na época. Aquele que pensei que seria uma grande pessoa nas esferas profissional e familiar teve problemas nas duas — inclusive mais de um divórcio.

Sei, com certeza, que nenhuma dessas pessoas formou-se com uma estratégia deliberada de se divorciar ou de perder o contato com os filhos — e muito menos ir parar na cadeia. No entanto, essa é a estratégia que muitos acabaram implantando.

Não quero enganá-lo. Paralelamente a essas decepções, há muitos de meus colegas que levam vidas pessoais exemplares, eles têm sido uma inspiração verdadeira para mim. Mas nossas vidas ainda não acabaram, e a vida de nossos filhos está apenas começando. Entender o que causa os problemas que ocorreram a alguns de meus colegas é importante não apenas para aqueles que se desviaram do caminho que haviam planejado seguir, mas para aqueles cuja vida ainda está no caminho certo — e também para aqueles cuja jornada está apenas começando. Nós todos estamos vulneráveis às forças e às decisões que desviaram outros do caminho.

Estou entre aqueles que tiveram sorte até o momento — de muitas formas por causa da minha maravilhosa esposa, Christine, que nos ajudou a ver o futuro com uma clarividência notável. Seria loucura escrever este livro e proclamar que todos os que replicam as decisões que tomamos serão felizes e bem-sucedidos, também. Em vez disso, ao escrever este livro, segui a abordagem que caracterizou a minha pesquisa de gestão.

Eu também engajei meus alunos na busca. No meu curso de MBA, "Construindo e Sustentando um Empreendimento de Sucesso", estudamos teorias sobre as diversas dimensões do trabalho dos gerentes gerais. Essas teorias são declarações do que *faz* as coisas acontecerem e porquê. Quando os alunos entendem essas teorias, conseguimos fazê-los "enxergar" — como se utilizassem um conjunto de lentes — e examinar um caso sobre uma empresa. Discutimos o que cada uma das teorias pode nos dizer sobre o porquê e como os problemas e as oportunidades surgiram na empresa. Em seguida, usamos as teorias para prever que problemas e oportunidades podem ocorrer no futuro daquela empresa, e para prever as ações que os gerentes terão de tomar para resolvê-los.

Ao fazer isso, os alunos aprendem que uma teoria sólida é capaz de explicar o que aconteceu e o que irá acontecer em toda a hierarquia do negócio: em setores; nas empresas partes desses setores; nas unidades de negócios dentro dessas empresas; e nas equipes que estão dentro das unidades de negócios.

Nos últimos anos, no último dia da minha aula, após eu ter resumido o que muitas vezes acontece na vida de nossos graduados, a discussão deu um passo além, chegando ao elemento mais fundamental das organizações: os indivíduos. Para essa discussão, em vez de usar as empresas como estudos de caso, usamos nós mesmos.

Eu participo nesses debates contando mais histórias do que meus alunos fazem, mas sigo as mesmas regras. Não estamos ali para explorar o que esperamos que venha a *acontecer* conosco, mas sim o que as teorias *preveem* que acontecerá conosco, em virtude do resultado de diferentes decisões e ações. Porque estive presente nessas discussões durante muitos anos, aprendi mais sobre essas questões do que qualquer grupo dos meus alunos jamais aprendeu. No entanto, para me colocar no mesmo patamar que eles, compartilhei histórias sobre como essas teorias fizeram parte da minha vida.

Para ajudar a estruturar essa discussão, escrevo as teorias que estudamos na parte superior da lousa. Em seguida, escrevo três perguntas simples ao lado dessas teorias:

Como posso ter certeza de que

- *Serei bem-sucedido e feliz na minha carreira profissional?*
- *A relação com meu cônjuge, meus filhos e minha família e amigos íntimos é uma fonte duradoura de felicidade?*
- *Eu vivo uma vida de integridade — e permanecerei fora da prisão?*

Essas perguntas podem parecer simples, mas são perguntas que muitos dos meus colegas nunca fizeram, ou responderam mas esqueceram o que tinham aprendido.

Ano após ano, fico atordoado com a forma como as teorias do curso iluminam questões em nossas vidas pessoais como fazem nas empresas que estudamos. Neste livro, tentarei resumir algumas das melhores ideias que meus alunos e eu discutimos naquele último dia em sala de aula.

* * *

NA PRIMAVERA de 2010, fui convidado para palestrar não apenas para os alunos da minha própria classe, mas para todo o corpo estudantil da graduação. Mas não era só isso que estava diferente naquele dia. Em pé no pódio, com pouco cabelo em virtude da quimioterapia, expliquei que havia sido diagnosticado com linfoma folicular, um câncer semelhante ao que havia matado meu pai. Agradeci o fato de que poderia usar aquele tempo com eles para resumir o que os meus alunos e eu tínhamos aprendido ao aplicarmos essas teorias em nós mesmos. Falei sobre as coisas que são mais importantes em nossas vidas, não apenas quando se está enfrentando uma doença com risco de morte — meu caso), mas no dia a dia e para cada um de nós. Compartilhar naquele dia meus pensamentos com os estudantes sobre trilhar seu próprio caminho no mundo foi uma experiência marcante.

James Allworth, que estava na minha classe naquele semestre, e na plateia naquele dia, e Karen Dillon, que ouviu falar sobre as minhas observações em seu cargo como editora da *Harvard Business Review*, ficaram, os dois, extremamente comovidos com o tema. Eu pedi a eles, depois, que me ajudassem a transmitir a um público maior o sentimento das pessoas naquele dia no Burden Hall, no campus da Escola de Negócios de Harvard.

Somos de três gerações diferentes e temos crenças completamente diferentes inspirando nossas vidas. James é um recém-graduado na escola de negócios, que me garante ser ateu. Eu sou pai e avô com uma fé profundamente enraizada, já na minha terceira carreira profissional. Karen, mãe de duas filhas, já trabalha como editora há duas décadas. Ela diz que suas crenças e sua carreira se encaixam em algum lugar entre as nossas.

Mas nós três estamos unidos pelo objetivo de ajudar você a entender as teorias que compartilhamos neste livro porque acreditamos que elas podem aguçar a perspicácia com a qual você pode avaliar e melhorar sua vida. Escrevemos em primeira pessoa, a minha voz, porque é como eu palestro para meus alunos e converso com meus próprios filhos sobre esse pensamento. Mas James e Karen são verdadeiramente coautores deste feito.

Eu não prometo que este livro oferecerá respostas fáceis: lidar com essas questões exige um trabalho árduo. Levei décadas. Mas também foi um dos esforços mais valiosos da minha vida. Espero que as teorias deste livro consigam ajudá-lo à medida que segue sua jornada, de forma que no final você consiga responder definitivamente, para si mesmo, a pergunta: "Como Avaliar Sua Vida?".

CAPÍTULO UM

Só Porque Você Tem Penas ...

Provavelmente, muitas pessoas bem-intencionadas o aconselharam sobre como você deve viver sua própria vida, fazer suas escolhas profissionais, ou ser feliz. Da mesma forma, visite uma seção de autoajuda de qualquer livraria e se verá inundado por um monte de opções sobre como conseguir melhorar a sua própria vida. Você sabe, intuitivamente, que todos esses livros podem não ser os certos. Mas como diferenciá-los? Como saber o que é um bom conselho e o que é ruim?

~

A Diferença Entre o Quê Pensar e Como Pensar

Não há respostas fáceis para os desafios da vida. A busca pela felicidade e pelo sentido da vida não é algo novo. Há milhares de anos que os seres humanos refletem sobre a razão de nossa existência.

O que é novo, todavia, é como alguns pensadores modernos abordam o problema. Um grupo de peritos simplesmente oferece as respostas. Não é surpresa para ninguém que essas respostas são muito atraentes para algumas pessoas. Elas abordam os problemas difíceis — aqueles que as pessoas podem passar uma vida inteira sem nunca resolver — e oferecem uma solução rápida.

Não é isso que eu pretendo com este livro. Não existem soluções rápidas para os problemas fundamentais da vida. Mas eu posso lhe oferecer ferramentas que chamarei de *teorias* neste livro, que vão ajudá-lo a fazer boas escolhas, apropriadas às circunstâncias da sua vida.

Eu aprendi sobre o poder dessa abordagem em 1997, antes de publicar o meu primeiro livro, *O Dilema da Inovação*. Eu recebi um telefonema de Andy Grave, presidente da Intel na época. Ele tinha ouvido falar de um dos meus primeiros trabalhos acadêmicos sobre inovação disruptiva, e me pediu para ir a Santa Clara para explicar minha pesquisa e dizer a ele e à sua melhor equipe o que a pesquisa implicava para a Intel. Eu era um jovem professor e, entusiasmado, viajei para o Vale do Silício e compareci ao local na hora marcada para ouvir Andy dizer: "Olha, aconteceram algumas coisas inesperadas. Temos apenas dez minutos para você. Diga-nos o que significa a sua investigação para a Intel para que possamos progredir".

Eu respondi: "Andy, não consigo, porque sei muito pouco sobre a Intel. A única coisa que posso fazer é explicar a primeira teoria; em seguida, podemos analisar a empresa através da perspectiva oferecida pela teoria". Então, mostrei um diagrama da minha teoria de disrupção. Expliquei que a disruptura acontece quando um concorrente entra no mercado com um produto ou serviço de baixo preço visto como inferior pelos participantes mais estabelecidos do setor. Mas o novo concorrente usa tecnologia e seu modelo de negócios para melhorar continuamente a sua oferta até que ela seja boa o suficiente para satisfazer a necessidade dos clientes. Em dez minutos da minha explicação, Andy interrompeu impaciente: "Olha, eu entendi o seu modelo. Basta nos informar o que ele significa para a Intel".

Eu disse: "Andy, ainda não consigo. Preciso descrever como esse processo evolui através de um setor muito diferente, para que você possa visualizar como ele funciona". Contei a história do setor siderúrgico, em que a Nucor e outras empresas pequenas do setor causaram disrupção entre as gigantes siderúrgicas integradas. As pequenas siderúrgicas começaram atacando na extremidade mais inferior do mercado — a barra de metal utilizada como reforço para concreto armado, ou vergalhão — e, em seguida, passo a passo, em direção a extremidade mais superior, a produção de folha de aço — eventualmente, levando todas, exceto uma das siderúrgicas tradicionais, à falência.

Quando terminei a história sobre as pequenas siderúrgicas, Andy disse: "Eu entendo. O que isso significa para a Intel é..." e, em seguida, passou a articular o que se tornaria a estratégia da empresa de se colocar na menor extremidade do mercado para lançar o processador Celeron de menor preço.

Desde então, pensei sobre essa troca um milhão de vezes. Se eu tivesse tentado dizer a Andy Grove que ele devia pensar no negócio de microprocessadores, ela teria acabado com o meu argumento. Ele esqueceu mais do que eu jamais saberei sobre o negócio que ele conduz.

Mas, em vez de dizer a ele *o que* pensar, eu o ensinei a *como* pensar. Ele então tomou uma decisão corajosa sobre o que fazer, por conta própria.

Eu Não Tenho Uma Opinião, a *Teoria* é Que Tem

Esse encontro com Andy mudou a forma como respondo a perguntas. Quando as pessoas me perguntam algo, agora raramente respondo de forma direta. Em vez disso, passo a pergunta por uma teoria em minha própria mente, então sei o que a teoria diz que é provável que seja o resultado de um curso de ação, comparado com outro. Explico então como a teoria se aplica à pergunta. Para ter certeza de que entendi, descrevo como o processo no modelo progrediu num setor ou numa situação diferente dessas pessoas, para ajudá-las a visualizar como ele funciona. Em seguida, as pessoas normalmente respondem: "O.k., entendo". Depois, elas respondem a própria questão com mais conhecimento do que eu poderia ter.

Uma boa teoria não muda de opinião: ela não se aplica apenas a algumas empresas ou pessoas, e não a outras. É uma declaração geral sobre o que causa o quê e porquê. Para ilustrar, cerca de um ano após a reunião com Andy Grave, recebi um telefonema de William Cohen, o então secretário de Defesa do governo Clinton. Ele me disse que havia lido *O Dilema da Inovação*. "Você poderia vir a Washington e conversar comigo e com a minha equipe sobre a sua pesquisa?", perguntou. Para mim, essa foi uma oportunidade única na vida.

Quando o secretário Cohen disse "minha equipe", de alguma forma eu tinha imaginado segundos-tenentes e estagiários universitários. Mas quando entrei na sala de conferência do secretário, a Junta de Chefes do Estado-Maior estavam na primeira fila, seguidos pelos secretários do Exército, Marinha e Força Aérea, e, em seguida, por cada um dos subassistentes e representantes dos secretários. Fiquei espantado. Ele disse que aquela era a primeira vez que havia convocado todos os seus subordinados diretos em uma sala.

O secretário Cohen simplesmente pediu para eu apresentar a minha pesquisa. Então, usando exatamente os mesmos slides do PowerPoint que havia utilizado com Andy Grove, comecei a explicar a teoria de disrupção. Assim que expliquei como as pequenas siderúrgicas tinham minado o setor de aço tradicional, começando com o vergalhão na extremidade mais inferior do mercado, o general Hugh Shelton, em seguida, o presidente da Junta, me interrompeu: "Você não tem ideia do porquê estamos interessados nisso, não é?", perguntou. Em seguida, ele apontou para o gráfico das pequenas siderúrgicas. "Você está vendo os produtos em chapa de aço no topo do mercado?", questionou. "Eram os soviéticos, e eles não são mais o inimigo". Em seguida, ele apontou para a parte inferior do mercado (os vergalhões) e disse: "O vergalhão do nosso mundo são as ações locais de policiamento e o terrorismo". Assim como as pequenas siderúrgicas atacaram as grandes na parte inferior do mercado e, em seguida, pularam para o topo, ele se expressou em voz alta, "Tudo a respeito da forma como fazemos o nosso trabalho está centrado na finalidade do problema, o que a União Soviética costumava ser".

Assim que entendi por que estava lá, conseguimos discutir qual seria o resultado do combate ao terrorismo de dentro dos departamentos existentes versus a criação de uma organização completamente nova. A Junta de Chefes decidiu, depois, seguir tomar o caminho que levava à formação de uma nova entidade, o Joint Forces Command dos EUA, em Norfolk, Virgínia. Por mais de uma década, esse comando serviu como um "laboratório de transformação" para que o exército dos Estados Unidos desenvolvesse e implantasse estratégias para combater o terrorismo em todo o mundo.

Superficialmente, a concorrência no mercado de chips de computador e a proliferação do terrorismo global não poderiam parecer problemas mais diferentes a serem abordados. Mas eles são fundamentalmente o mesmo problema, só que em diferentes contextos. Uma boa teoria pode nos ajudar a classificar, explicar e, mais importante, prever.

As pessoas geralmente pensam que a melhor forma de prever o futuro é por meio da coleta da maior quantidade de dados possível, antes de tomar uma decisão. Mas isso é como dirigir um carro olhando apenas o espelho retrovisor, porque os dados disponíveis são só sobre o passado.

De fato, embora experiências e informações possam ser boas professoras, há muitos momentos na vida em que simplesmente não podemos nos dar ao luxo de aprender com a prática. Você não quer ter que casar várias vezes para aprender a ser um bom cônjuge. Ou esperar até que seu último filho cresça para dominar a paternidade. É por isso que a teoria pode ser tão valiosa: ela consegue explicar o que vai acontecer, mesmo antes de você experimentá-lo.

Considere, por exemplo, a história das tentativas de voar empregadas pela humanidade. Os primeiros pesquisadores observaram uma forte correlação entre ser capaz de voar e ter penas e asas. Histórias sobre homens que tentam voar por meio de cintas com asas datam de cem anos atrás. Esses homens foram replicando o que acreditavam permitir que as aves voassem: asas e penas.

Possuir esses atributos teve uma *correlação* alta — uma conexão entre duas coisas — com a habilidade de voar, mas quando os seres humanos tentaram seguir o que eles acreditavam configurar "boas práticas" dos voadores mais bem-sucedidos prendendo cintas com asas a seus corpos e, em seguida, pulando de cima de catedrais e batendo as asas com todas as forças... eles falharam. O erro foi que, apesar de penas e asas estarem correlacionadas com o ato de voar, os aspirantes a aviadores não entendiam o *mecanismo causal* fundamental — o que realmente faz algo acontecer — que possibilitou que certas criaturas voassem.

O verdadeiro progresso no voo humano não veio da elaboração de asas melhores ou do uso de mais penas. Ele foi provocado pelo matemático holandês suíço Daniel Bernoulli e seu livro *Hydrodynamica*, um estudo da mecânica dos fluídos. Em 1738, ele esboçou o que viria a ser conhecido como princípio de Bernoulli, uma teoria que, quando aplicada ao voo, explicou o conceito de elevação. Tínhamos ido de correlação (asas e penas) a causalidade (elevação). O voo moderno pode ser atribuído diretamente ao desenvolvimento e à adoção dessa teoria.

Mas mesmo o inovador entendimento da causa do voo ainda não foi suficiente para tornar o voo perfeitamente *confiável*. Quando um avião caía, os pesquisadores precisavam perguntar: "O que ocorreu com relação às circunstâncias daquela tentativa específica de voo que levou ao fracasso? Vento? Neblina? O ângulo da aeronave?". Os pesquisadores podiam, então, definir quais as regras que os pilotos deviam seguir a fim de obter sucesso em cada circunstância diferente. Isso é uma característica da boa teoria: ela dispensa o conselho nas declarações hipotéticas.

O Poder da Teoria em Nossas Vidas

Como teorias fundamentais relacionam-se com encontrar a felicidade na vida?

O apelo de respostas fáceis — de cintas com asas e penas — é incrivelmente sedutor. Se essas respostas vêm de escritores que estão apregoando passos garantidos para ganhar milhões, ou as quatro coisas que você precisa fazer para ser feliz no casamento, queremos acreditar que vão funcionar. Mas muito do que se tornou o pensamento popular não se baseia em nada mais que uma série de anedotas. Resolver os desafios da vida exige uma profunda compreensão do que faz algo acontecer. As teorias que vou discutir com você vão ajudá-lo a fazer exatamente isso.

Este livro utiliza uma pesquisa feita na Escola de Negócios de Harvard e em algumas das universidades mais importantes do mundo. Foi rigorosamente testada em organizações de todos os tamanhos ao redor do mundo.

Assim como essas teorias explicam o comportamento em uma ampla série de circunstâncias, elas também se aplicam a uma ampla série de questões. No caso de problemas mais complexos, é raramente tão simples quanto identificar uma única teoria que ajuda a resolvê-los. Pode haver múltiplas teorias que proporcionam *insights*. Por exemplo, apesar de o pensamento de Bernoulli ter representado um avanço significativo, outros trabalhos, como, por exemplo, a compreensão da gravidade e da resistência, foram necessárias plenamente o voo.

Cada capítulo deste livro destaca uma teoria uma vez que ela pode ser aplicada a um desafio específico. Mas assim como era verdade no entendimento do voo, problemas em nossas vidas nem sempre correlacionam-se cuidadosamente com teorias numa base um para um. A maneira que eu emparelhei os desafios e as teorias nos capítulos subsequentes baseia-se em como meus alunos e eu as discutimos nas aulas. Eu convido você, conforme trilha seu caminho pelo livro, a revisitar as teorias nos capítulos anteriores, assim como meus alunos fazem, e também explorar os problemas por meio da perspectiva de múltiplas teorias.

Essas teorias são ferramentas poderosas. Eu apliquei muitas delas em minha própria vida; outras eu gostaria de ter tido à minha disposição quando mais jovem, e enfrentava algum problema. Você verá que sem teoria, estamos no mar sem um sextante. Se não podemos ver além do que está perto, estamos confiando na sorte, na correnteza da vida, para nos guiar. Uma boa teoria ajuda as pessoas a tomarem boa decisões, não apenas nos negócios, mas na vida também.

~

Você pode estar tentado a tomar decisões em sua vida com base no que sabe que aconteceu no passado ou no que aconteceu com outras pessoas. É bom aprender tudo o que puder com o passado; com estudiosos que estudaram o assunto e com pessoas que passaram por problemas semelhantes àqueles que é provável que você enfrente. Mas isso não resolve o desafio fundamental com relação a que informações e que conselhos você deve aceitar, e quais deles deve ignorar à medida que adentra o futuro. Em vez disso, usar uma teoria robusta para prever o que acontecerá tem uma chance muito maior de sucesso. As teorias deste livro baseiam-se em uma profunda compreensão do esforço humano — o que causa o quê, e porquê. Elas foram rigorosamente analisadas e utilizadas nas organizações ao redor do globo e também podem nos ajudar com as decisões que tomamos todos os dias em nossas vidas.

SEÇÃO I

~

Encontrando a Felicidade na Carreira Profissional

A única maneira de estar verdadeiramente satisfeito é fazer aquilo que você acredita ser um ótimo trabalho. E a única maneira de fazer um ótimo trabalho é fazer o que você ama fazer. Se ainda não encontrou, continue procurando. Não se acomode. Assim como acontece com todas as coisas do coração, você saberá quando encontrar.

— *Steve Jobs*

Quando você tinha dez anos e lhe perguntavam o que você queria ser quando crescer, tudo parecia possível. Astronauta. Arqueólogo. Bombeiro. Jogador de futebol. A primeira presidenta do Brasil. Suas respostas, na época, eram guiadas simplesmente pelo que você pensava que iria fazê-lo realmente feliz. Não havia limites.

Há algumas poucas pessoas determinadas que nunca perdem de vista a ambição de fazer algo que é verdadeiramente significativo para elas. Mas muitos de nós, com o passar dos anos, permitem que os sonhos que temos sejam jogados fora. Escolhemos os nossos empregos pelos motivos errados e então nos acomodamos. Começamos a aceitar a ideia de que não é realista ter esperanças de trabalhar com algo que verdadeiramente amamos.

Muitos de nós que começam a percorrer a trilha da acomodação não retornarão. Considerando o fato de que você provavelmente gastará mais do tempo em que passa acordado no seu trabalho do que em qualquer outra parte da sua vida, é um comprometimento que sempre corroerá você.

Mas você não precisa se submeter a esse destino.

Eu fiquei longe da universidade, no mundo do trabalho, por anos antes de descobrir que poderia voltar à universidade para ensinar e desenvolver uma geração de jovens maravilhosos. Durante muito tempo, não tinha ideia de que isso era possível. Agora eu não me vejo fazendo outra coisa. Todo dia eu penso no quão afortunado sou.

Eu quero que você seja capaz de experimentar esse sentimento: acordar todas as manhãs pensando como tem sorte de estar fazendo o que está fazendo. Juntos, nos próximos capítulos, vamos construir uma estratégia para que você faça exatamente isso.

Uma estratégia? Em um nível básico, uma estratégia é o que você deseja alcançar e como chegará lá. No mundo dos negócios, isso é o resultado de influências diversas: quais são as prioridades de uma empresa, como a empresa responde às oportunidades e ameaças ao longo do caminho e como uma empresa aloca seus preciosos recursos. Todas essas coisas combinam continuamente para criar e desenvolver uma estratégia.

Mas você não precisa pensar sobre isso por mais de um minuto antes de perceber que esse mesmo processo de criação de estratégia também está funcionando em cada um de nós. Temos intenções para nossas carreiras. Contra essas intenções, surgem oportunidades e ameaças que não previmos. E como alocamos nossos recursos — tempo, talento e energias — é como determinamos a estratégia real de nossas vidas. Ocasionalmente, a estratégia real se parece bastante com o que pretendíamos. Mas muitas vezes o que realmente acabamos fazendo é muito diferente do que o que nos propusemos a fazer.

A arte de gerenciar isso, porém, não é simplesmente sair esmagando qualquer coisa que não fazia parte do plano original. Entre essas ameaças e oportunidades que não previmos, há quase sempre opções melhores do que aquelas contidas em nossos planos originais. O estrategista em nós precisa descobrir quais são essas coisas melhores e, depois, gerir os recursos a fim de nutri-las.

Os capítulos a seguir foram todos concebidos para ajudá-lo a aproveitar esses conceitos na resposta à pergunta "Como posso encontrar a felicidade na minha carreira profissional?".

O ponto de partida da nossa jornada é uma discussão de prioridades. Estes são, efetivamente, o núcleo dos critérios de tomada de decisão: o que é mais importante para você na sua própria carreira? O problema é que o que pensamos ser mais importante em nossos trabalhos muitas vezes não se alinha com o que realmente nos fará felizes. Pior ainda, não percebemos essa lacuna até que seja tarde demais. Para ajudar a evitar esse erro, quero discutir a melhor pesquisa que temos sobre o que realmente motiva as pessoas.

Em seguida, descrevo a melhor forma de equilibrar os nossos planos para encontrar algo que realmente amamos fazer com as oportunidades e desafios inesperados em nossas vidas. Enquanto algumas pessoas argumentam que devemos ter sempre os próximos cinco anos de nossa vida planejados, outras seguem uma estratégia de apenas ver o que acontece e nos dirão que funciona muito bem para eles. Há um momento e um lugar para as duas abordagens. Baseando-se em nossa pesquisa, explicarei quais são as melhores circunstâncias para deliberação, para ter esse plano; e quando é melhor ser emergente, estar aberto ao inesperado.

O elemento final é a execução. A única forma de implantar uma estratégia é dedicar recursos a ela. Boas intenções não são suficientes — você não está implantando a estratégia que pretende se não gastar seu tempo, dinheiro e talento de uma forma consistente com as suas intenções. Em sua vida, haverá constantes demandas de seu tempo e atenção. Como você decidirá em qual dessas demandas alocar recursos? A armadilha na qual muitas pessoas caem é alocar o tempo a quem grita mais alto, e o talento a quem oferece recompensa mais rápida. É um caminho perigoso para construir uma estratégia.

Todos esses fatores — prioridades, equilibrar planos com oportunidades, alocar recursos — se combinam para criar a sua estratégia. O processo é contínuo: mesmo à medida que sua estratégia começar a tomar forma, você aprenderá coisas novas, e sempre surgirão novos problemas e oportunidades. Eles vão alimentá-lo, o ciclo é contínuo.

Se você conseguir compreender e gerir esse processo de estratégia, terá a melhor chance de acertar — ter uma carreira que você vai verdadeiramente amar.

Mesmo se você não acabar virando um astronauta.

CAPÍTULO DOIS

O Que Nos Move

É impossível ter uma conversa significativa sobre felicidade sem entender o que nos move. Quando nos vemos presos em carreiras profissionais infelizes, e até mesmo em vidas infelizes, significa que isso é, frequentemente, o resultado de um equívoco fundamental quanto ao que realmente nos motiva.

~

A Importância de Entender Corretamente a Motivação

Quando eu estava na direção da CPS Technologies, uma empresa que fundei junto com diversos professores do MIT no início de minha carreira, tive uma espécie de epifania sobre o que nos motiva. Num sábado de verão, fizemos um piquenique da empresa para as famílias dos funcionários em um parque perto dos nossos laboratórios. Não havia nada demais nisso, mas era uma boa oportunidade para obter uma perspectiva tridimensional da vida de nossos colegas.

Eu andei ao redor dos grupos depois que todos haviam chegado, apenas para descobrir quem fazia parte de qual grupo. Pelo canto do olho, vi Diana, uma de nossas cientistas, e seu marido brincando com seus dois filhos. Diana tinha uma posição essencial no laboratório: ela era química analítica. Seu trabalho era ajudar os outros cientistas a usarem um equipamento especializado da nossa empresa para que eles conseguissem saber que elementos estavam presentes nos compostos criados ou nos elementos em que estavam trabalhando. Por padrão, esperar até a devolução dos resultados dos testes feitos por Diana frustrava ocasionalmente alguns dos mais ou menos vinte cientistas na equipe — todos eles precisavam que seu teste fosse feito com a máxima prioridade. Mas aquilo frustrava Diana ainda mais. Ela queria ajudar a todos, mas, por sermos uma start-up, não tínhamos como comprar todos os equipamentos que quisermos. Portanto, havia um número limitado de máquinas e a jornada de trabalho de Diana era de somente dez horas. Como resultado, seus dias eram frequentemente preenchidos por guerras por prioridade.

Mas não foi isso que vi naquele momento. Em vez disso, fiquei impressionado com o amor que Diana e seu marido claramente compartilhavam com seus dois filhos. Ao vê-la ali, comecei a ter uma visão de Diana em todo o contexto de sua vida. Ela não era apenas uma cientista. Ela era mãe e esposa, cujo estado de espírito, cuja felicidade e cujo senso de autoestima tinham um enorme impacto sobre sua família. Comecei a pensar sobre como deve ser na casa dela pela manhã, como ela se despede de sua família ao ir trabalhar.

Então visualizei Diana em minha mente voltando para sua casa, para sua família, dez horas mais tarde, depois de um dia em que tudo deu errado. Sentindo-se menosprezada, frustrada e humilhada; ela não aprendeu quase nada novo. Naquele momento, senti como se enxergasse a maneira que seu dia de trabalho afetava negativamente a forma como ela interagia a noite com o marido e seus filhos.

Em seguida, essa visão em minha mente avançou rapidamente para o fim de outro dia. Por um lado, ela estava tão envolvida no experimento que estava fazendo que queria ficar no trabalho, mas, por outro lado, estava tão ansiosa para passar um tempo com seu marido e seus filhos que claramente queria estar em casa. Naquele dia, eu a vi voltando para casa com uma autoestima melhor — sentindo de que havia aprendido muita coisa, sido reconhecida de forma positiva por ter feito coisas valiosas, e desempenhado um papel significativo no sucesso de algumas iniciativas importantes para vários cientistas e para a empresa. Eu senti como se pudesse vê-la voltando para casa no final do dia com um reservatório repleto daquele sentimento, que, por sua vez, afetava profundamente sua interação com o marido e com os dois filhos adoráveis. E eu também sabia que ela teria vontade de ir para o trabalho no dia seguinte, motivada e energizada.

Foi uma lição profunda.

Incentivos Fazem o Mundo Girar?

Seis anos mais tarde, como professor novato, eu estava em frente a uma sala de aula em Harvard lecionando Gestão de Tecnologia e Operações, um curso obrigatório de primeiro ano para todos os alunos de MBA. Na discussão daquele dia sobre o estudo de caso a respeito de uma grande empresa de materiais, uma aluna recomendou uma maneira de resolver um conflito com um de seus clientes mais essenciais. Ela sugeriu que a empresa atribuísse um engenheiro específico, Bruce Stevens, para esse projeto, além das outras responsabilidades que ele tinha. Eu perguntei:

— Atribuir essa tarefa ao Bruce faz sentido isoladamente. Mas fazê-lo colocá-la como prioridade mais alta, no topo de uma lista transbordando de outras responsabilidades, isso não vai ser um pouco difícil?

— Basta dar a ele um incentivo. — ela respondeu.

— Uau, essa é com certeza uma resposta simples. Que tipo de incentivo você tem em mente? — perguntei.

— Basta dar a ele um bônus se conseguir finalizá-la dentro do tempo concedido. — Ela respondeu.

— O problema — disse eu — é que ele tem outras responsabilidades em outros projetos também. Se ele se concentrar nessa tarefa como sua prioridade máxima, atrasará outros projetos. Aí, o que você vai fazer? Dar um incentivo financeiro para motivá-lo a trabalhar mais em todos os outros projetos? — Apontei para uma declaração no caso sobre o Bruce. Ele era claramente um homem motivado, que, rotineiramente, trabalhava 70 horas por semana.

Quando a aluna disse que isso era exatamente o que faria, eu a desafiei ainda mais. — Todos os outros funcionários vão ver que você está dando um bônus ao Bruce. Eles não vão querer ser tratados da mesma forma? E onde você acha que tudo isso vai parar? Você vai querer pagá-los especificamente para cada tarefa, mudando para um sistema fragmentado? — Indiquei que, no caso, os engenheiros típicos da empresa estavam trabalhando arduamente todos os dias, sem incentivos. — Eles parecem amar o trabalho que fazem, não é? — perguntei.

Outro aluno, em seguida, acrescentou: — Eu não acho que você pode pagar um incentivo ao Bruce, isso é contra a política da empresa. Bônus por desempenho são tipicamente dados apenas para os gerentes gerais das unidades de negócios, não para os engenheiros, porque é no nível da gestão que as receitas e os custos são unidos. Abaixo disso, os funcionários são apenas responsáveis por uma parte do quebra-cabeça, por isso os incentivos podem desequilibrar as coisas.

— Ah, — eu disse. — Deixe-me entender o que você está dizendo. Nessa empresa, muitos dos executivos seniores costumavam ser engenheiros. Durante esse período de suas vidas, eles pareciam estar motivados somente pelo trabalho. Eles não precisam de incentivos, certo? Então o que aconteceu? Eles se transformaram em outros seres ao se tornaram executivos, tipos de pessoas que precisavam de incentivos financeiros para trabalhar arduamente? É isso o que você está me dizendo?

À medida que a discussão em sala de aula continuou naquele dia, senti uma fenda cada vez maior separando o meu mundo daquele de alguns dos meus alunos. No mundo deles, parecia que os incentivos é que faziam o planeta girar. E no meu — bem, eu tinha trabalhado com Diana e seus colegas.

Como podemos ver algo tão fundamental de maneiras tão diferentes?

Uma Teoria de Motivação Melhor

A resposta reside num abismo profundo sobre como os conceitos de incentivos e motivação se relacionam entre si. Existem dois campos gerais sobre essa questão.

Em 1976, dois economistas, Michael Jensen e William Meckling, publicaram um artigo que tem sido decorado por aqueles seguidores do primeiro campo. O artigo, que é um dos trabalhos mais citados das últimas três décadas, focaliza um problema conhecido como teoria da agência, ou *teoria de incentivo*: por que os gestores nem sempre se comportam visando o melhor interesse dos acionistas? A causa raiz, segundo o ponto de vista de Jensen e Meckling, é que as pessoas trabalham de acordo com o que o recebem. A conclusão foi que se deve alinhar os interesses dos executivos com os interesses dos acionistas. Dessa forma, se as ações sobem, os executivos são melhor remunerados, e isso deixa acionistas e executivos felizes. Apesar de Jensen e Meckling não discutirem especificamente por enormes pacotes de remuneração, a visão deles sobre o que faz que os executivos se concentrem em algumas coisas e não em outras são os incentivos financeiros. Na verdade, a motivação para obter o melhor desempenho tem sido amplamente utilizada como argumento para bônus incrivelmente altos sob o disfarce de "incentivos de alinhamento".

Não são só os meus alunos que acreditam nessa teoria. Muitos gestores adotaram o modo de pensar de Jensen e Meckling: acreditando que quando precisarem convencer os outros de que eles devem fazer uma coisa e não outra, você só precisa pagá-los para que façam o que você quer e quando quer. É fácil e mensurável; essencialmente é possível simplesmente delegar a gestão a uma fórmula. Mesmo os pais podem pensar que as recompensas externas são a maneira mais eficaz de motivar o comportamento que querem de seus filhos, como, por exemplo, oferecendo a eles uma recompensa financeira como incentivo para cada nota 10 no boletim.

Uma das melhores formas de sondar se é possível confiar no conselho que uma teoria está oferecendo é procurar anomalias — algo que a teoria não pode explicar. Lembre-se da história sobre pássaros, penas e voo? Os primeiros aviadores poderiam ter visto alguns sinais de alerta em sua análise rudimentar do voo se tivessem examinado o que suas crenças ou teorias não conseguiam explicar. Os avestruzes têm asas e penas, mas não conseguem voar. Os morcegos têm asas, mas não penas, e são grandes voadores. E os esquilos voadores não têm nem asas nem penas ... e sobrevivem.

O problema com a teoria da agência, ou de incentivos, é que existem grandes anomalias que ela não consegue explicar. Por exemplo, algumas das pessoas que mais trabalham no planeta são empregados de entidades sem fins lucrativos e instituições de caridade. Alguns trabalham nas condições mais difíceis (zonas de recuperação de desastres, países atingidos pela fome e inundações). Essas pessoas ganham uma fração do que ganhariam se trabalhassem no setor privado. No entanto, é raro ouvir os gestores de organizações sem fins lucrativos reclamarem que precisam motivar sua equipe.

Você pode não levar em conta aqueles funcionários idealistas. Mas o serviço militar também atrai pessoas notáveis. Elas comprometem as próprias vidas para servir ao país. Mas não fazem isso em troca de uma compensação financeira. Na verdade, é quase o oposto, trabalhar no serviço militar está longe de ser o trabalho mais bem pago que alguém pode ter. No entanto, em muitos países, incluindo os Estados Unidos, o serviço militar é considerado uma organização altamente eficaz. E muitas pessoas que trabalham no serviço militar têm um profundo senso de satisfação com seu trabalho.

Como, então, explicar o que está motivando essas pessoas se não é o dinheiro?

Bem, há uma segunda escola de pensamento, muitas vezes chamado de *teoria dos dois fatores*, ou *teoria da motivação,* que vai além da teoria de incentivo. Ela reconhece que é possível pagar para que as pessoas façam o que você quer, repetidamente. Mas *incentivo* não é o mesmo que *motivação*. Uma motivação verdadeira é conseguir que as pessoas façam algo porque *querem* fazê-lo. Esse tipo de motivação permanece, em tempos bons e ruins.

Frederick Herzberg, provavelmente um dos escritores mais incisivos sobre o tema da teoria da motivação, publicou um artigo inovador na *Harvard Business Review*, focalizando exatamente isso. Ele estava escrevendo para um público de negócios, mas o que descobriu sobre a motivação se aplica igualmente a todos nós.

Herzberg observa que a suposição comum de que a satisfação no trabalho é um grande espectro contínuo — que parte do muito feliz, em uma extremidade, e desce o caminho para o absolutamente triste, em outra extremidade — não é, na verdade, como a mente funciona. Em vez disso, a satisfação e a insatisfação são medidas separadas e independentes. Isso significa, por exemplo, que é possível amar e odiar, ao mesmo tempo, o seu trabalho.

Deixe-me explicar. Essa teoria faz uma distinção entre dois tipos diferentes de fatores: fatores de higiene e fatores de motivação.

De um lado da equação, há os elementos de trabalho que, se não forem feitos corretamente, nos deixarão insatisfeitos. Eles recebem o nome de *fatores de higiene*. Os fatores de higiene são coisas como status, compensação, segurança no emprego, condições de trabalho, políticas da empresa e práticas de supervisão. Importa, por exemplo, o fato de você não ter um gerente para manipulá-lo para fins próprios ou para responsabilizá-lo por coisas sobre as quais você não tem responsabilidade. Má higiene causa insatisfação. Você tem que enfrentar e corrigir problemas de má higiene para garantir que não fique insatisfeito no seu trabalho.

Curiosamente, Herzberg afirma que a *compensação é um fator de higiene*, não de motivação. Como Owen Robbins, um diretor financeiro bem-sucedido e membro do conselho que presidiu a comissão de remunerações na CPS Technologies, uma vez me aconselhou: "A compensação é uma armadilha mortal. O máximo que você pode esperar (como CEO) é ser capaz de postar uma lista com o nome e o salário de cada funcionário no quadro de avisos e ouvir todos eles dizerem 'eu queria mesmo era ter um salário maior, mas poxa, essa lista é justa'. Clayton, você pode achar que é fácil gerir essa empresa dando incentivos ou recompensas para as pessoas. Mas se alguém acreditar que está trabalhando mais, mas está recebendo menos do que outra pessoa, será como transplantar um câncer para própria empresa". A compensação é um fator de higiene. Você precisa entendê-lo corretamente. Mas tudo que pode desejar é que os funcionários não fiquem com raiva uns dos outros e da empresa por causa da compensação.

Esta é uma visão importante da pesquisa de Herzberg: se você melhorar instantaneamente os fatores de higiene de seu trabalho, não vai amá-lo de repente. Na melhor das hipóteses, só não vai *odiá-lo* mais. O oposto de *insatisfação no trabalho* não é *satisfação no trabalho*, mas sim uma *ausência de insatisfação no trabalho*. Eles não são a mesma coisa, definitivamente. *É* importante tratar os fatores de higiene, como, por exemplo, um ambiente seguro e confortável de trabalho, bom relacionamento com gerentes e colegas, dinheiro suficiente para cuidar da família; se você não tem essas coisas, vivenciará a insatisfação com o trabalho. Mas isso por si só não vai fazê-lo amar o seu trabalho, vão apenas fazê-lo parar de odiá-lo.

O Equilíbrio dos Fatores de Higiene e de Motivação

Então quais são as coisas que verdadeira e profundamente nos satisfazem, os fatores que nos fazem amar os nossos empregos? Eles são o que a pesquisa de Herzberg chama de *motivadores*. Fatores de motivação incluem trabalho desafiador, reconhecimento, responsabilidade e crescimento pessoal. Um sentimento de que se está fazendo uma contribuição significativa para o trabalho surge de condições *intrínsecas* do próprio trabalho. Motivação trata-se muito menos de estímulo externo e muito mais do que está dentro de você, e dentro do seu trabalho.

Espero que você tenha passado por experiências em sua vida que satisfizeram os motivadores de Herzberg. Se isso ocorreu, você reconhecerá a diferença entre o motivador e uma experiência que apenas proporcionou os fatores de higiene. Talvez tenha sido um trabalho que enfatizou executar um trabalho verdadeiramente significativo para você, algo interessante e desafiador, que lhe permitiu crescer profissionalmente, ou que proporcionou oportunidades para aumentar a sua responsabilidade. Esses são os fatores que o motivarão, que o farão amar aquilo que está fazendo. É o que espero que meus alunos aspiram, porque sei que isso pode fazer a diferença entre ter pavor de ir trabalhar todos os dias ou ter vontade e estar animado para fazê-lo diariamente.

A lente da teoria de Herzberg me fez enxergar as escolhas que alguns dos meus colegas fizeram em suas carreiras depois de formados. Embora muitos deles tenham encontrado carreiras extremamente motivadoras, minha sensação era de que uma quantidade perturbadora deles ainda não havia encontrado. Como é que pessoas que parecem ter o mundo aos seus pés acabam fazendo escolhas deliberadas que as deixam insatisfeitas?

O trabalho de Herzberg aborda esse assunto. Muitos dos meus colegas haviam escolhido carreiras usando fatores de higiene como os principais critérios; o salário era muitas vezes o mais importante deles. Superficialmente, eles tinham razões muito boas para fazer exatamente isso. Muitas pessoas veem a educação como um investimento. Você desiste de bons anos de sua vida profissional, anos que, de outra forma, você passaria ganhando dinheiro. Adicionando ainda que, muitas vezes, há necessidade de fazer grandes empréstimos para financiar o estudo, às vezes ao mesmo tempo em que sustenta uma família — o meu caso, por exemplo. Você sabe exatamente quanto estará devendo no momento em que se formar.

No entanto, eu havia notado que muitos dos meus colegas tinham inicialmente entrado na faculdade por razões muito diferentes. Eles tinham escrito as redações de admissão com esperanças de utilizar a educação para enfrentar alguns dos problemas sociais mundiais mais incômodos ou para realizar o sonho de se tornarem empreendedores e criarem seu negócio próprio.

Periodicamente, à medida que considerávamos nossos planos para os estudos de pós-graduação, tentamos ser honestos, desafiando uns aos outros: "Que tal fazer algo importante, ou algo que você realmente ama? Não é por isso que está aqui?", "Não se preocupe", foi a resposta. "Dura apenas dois anos. Vou quitar meus empréstimos, me acertar financeiramente e, então, correr atrás dos meus verdadeiros sonhos".

Não foi um argumento insensato. As pressões que todos nós enfrentamos (sustentar uma família, atender às nossas próprias expectativas e a dos nossos pais e amigos, e, para alguns de nós, ter que estar no mesmo nível que os vizinhos) são difíceis. No caso dos meus colegas (e de muitas turmas de formandos desde então), isso se manifestou na entrada no mercado de trabalho como banqueiros, gestores de fundos, consultores e muitas outras posições bem-conceituadas. Para algumas pessoas, foi uma escolha de paixão, eles realmente amavam o que faziam e obtiveram sucesso no emprego. Mas para outros, foi uma escolha baseada na obtenção de um bom retorno financeiro para a sua cara formação.

Ao aceitar esses trabalhos, eles conseguiram pagar os financiamentos estudantis. Em seguida, conseguiram colocar as hipotecas sob controle e suas famílias em confortáveis posições financeiras. Mas, de alguma forma, aquela promessa anterior de retornar à verdadeira paixão depois de dois anos foi sendo adiada. "Apenas um ano a mais..." ou "Não tenho mais certeza do que mais eu faria agora". Durante todo esse tempo, os rendimentos continuaram crescendo.

Não demorou muito, porém, antes que algum deles admitissem reservadamente que, na verdade, começaram a sentir-se mal com os empregos adquiridos — empregos que, naquele momento, eles tinham percebido que foram aceitos pelas razões erradas. Pior ainda, eles se encontravam empacados. Eles conseguiram expandir e fazer o estilo de vida se adequar aos salários que estavam ganhando, e era realmente difícil retroceder. Eles fizeram escolhas muito cedo por causa dos fatores de higiene, não pelos verdadeiros motivadores, e não conseguiram encontrar o caminho para sair dessa armadilha.

A questão não é que o dinheiro é o motivo da infelicidade profissional. Não é isso. Os problemas começam a acontecer quando o dinheiro vira prioridade acima de todo o resto, quando os fatores de higiene são satisfeitos, mas a busca continua apenas com o intuito de ganhar mais e mais dinheiro. Mesmo aqueles envolvidos em carreiras que parecem especificamente focadas em dinheiro, como vendedores e *traders*, estão sujeitos a essas regras de motivação — a diferença é que, nessas profissões, o dinheiro age como um critério de alta precisão de sucesso. Os *traders*, por exemplo, obtêm sucesso e são motivados por serem capazes de prever o que vai acontecer no mundo e, em seguida, fazer apostas baseadas nessas previsões. Estar certo está quase diretamente correlacionado com ganhar dinheiro, é a confirmação de que eles estão fazendo bem seu trabalho, a medida que eles usam para competir. De forma semelhante, os vendedores obtêm sucesso por conseguirem convencer os clientes de que os produtos ou serviços que estão vendendo ajudarão os clientes em suas vidas. Novamente, o dinheiro diretamente correlacionado com o sucesso: a venda. É um indicador da eficiência com a qual eles estão executando seus trabalhos. Isso não quer dizer que alguns de nós sejamos fundamentalmente animais diferentes — podemos considerar coisas diferentes significativas ou agradáveis —, mas a teoria ainda funciona da mesma forma para todos. A teoria de Herzberg sugere que, se você tiver motivadores no trabalho, amará o seu trabalho, mesmo que não esteja ganhando pilhas de dinheiro. Você vai se sentir motivado.

A Motivação se Faz Importante em Lugares Inesperados

Quando você realmente entender o que motiva as pessoas, esse conhecimento iluminará todos os tipos de situações, não apenas a carreira profissional das pessoas. Meus dois filhos mais velhos me ensinaram uma importante dimensão da teoria de motivação de Herzberg. Quando compramos nossa primeira casa, eu vi um lugar no quintal que seria perfeito para construir uma casinha. Mateus e Ann tinham idades ideais para esse tipo de atividade, e nos dedicamos de corpo e alma a esse projeto. Passamos semanas selecionando a madeira, escolhendo as telhas, construindo o chão, as paredes, o telhado. Eu deixava os pregos presos pela metade para que eles dessem as marteladas finais. É claro que dessa forma demorou muito mais tempo para descobrir de quem era a vez de dar a martelada ou de cortar a madeira com a serra. Mas foi divertido ver o orgulho que eles sentiam. Quando os amigos deles vinham brincar, a primeira coisa que meus filhos faziam era levá-los para o quintal e mostrar-lhes o progresso daquele projeto. E quando eu chegava em casa, a primeira pergunta era quando voltaríamos ao trabalho.

Mas depois que terminamos, eu raramente via os meus filhos lá dentro. A verdade é que *ter* a casinha não era o que realmente os motivava. Era *construir* a casinha, e como se sentiam com relação à contribuição que davam, que os satisfazia. Eu havia pensado que o que era importante mesmo era o destino, mas no fim descobri que era a jornada.

É difícil superestimar o poder desses motivadores — os sentimentos de realização e de aprendizagem, de ser um participante essencial em uma equipe que está prestes a realizar algo significativo. Tremo só de pensar que quase comprei uma casinha que poderia ter montado sozinho.

Se Você Encontrar um Trabalho que Ama...

A teoria da motivação, junto com sua descrição das funções dos incentivos e os fatores de higiene, proporcionou-me uma melhor compreensão de como as pessoas alcançam o sucesso e a felicidade em suas carreiras. Eu costumava pensar que se uma pessoa se importasse com as outras pessoas, ela precisaria estudar sociologia ou algo parecido. Mas quando comparei o que eu imaginava que estava acontecendo na casa de Diana, depois de dias diferentes em nossos laboratórios, concluí que se você deseja ajudar os outros, *torne-se um gerente*. Se feita corretamente, a gestão é uma das profissões mais nobres. Você está em uma posição na qual tem oito ou dez horas por dia de cada pessoa que trabalha para você. Tem a oportunidade de enquadrar o trabalho de cada pessoa para que, no final de cada dia, os funcionários cheguem em casa se sentindo como Diana se sentiu naquele dia bom de trabalho: vivendo uma vida cheia de motivadores. Percebi que, se a teoria da motivação se aplica a mim, eu preciso ter certeza de que aqueles que trabalham para mim também tenham os motivadores.

Minha segunda constatação foi que a busca por dinheiro pode, na melhor das hipóteses, atenuar as frustrações em sua carreira — mas mesmo assim o canto de sereia das riquezas perturbou e confundiu alguns dos melhores de nossa sociedade. Para realmente encontrar a felicidade, você precisa continuar procurando oportunidades que acredita serem significativas, por meio das quais você conseguirá aprender coisas novas, obter sucesso e receber cada vez mais responsabilidade. Há um velho ditado que diz: "encontre um trabalho que ame e não terá que trabalhar um único dia em sua vida". As pessoas que realmente amam o que fazem e consideram seu trabalho significativo têm uma vantagem distinta quando chegam ao trabalho todos os dias. Elas empregam seus melhores esforços nos trabalhos e isso as torna muito boas no que fazem.

Isso, por sua vez, pode significar que essas pessoas são bem pagas; carreiras preenchidas com motivadores estão frequentemente relacionadas a boas recompensas financeiras. Mas, às vezes, o inverso também ocorre: recompensas financeiras podem estar presentes sem os motivadores. Na minha avaliação, é espantosamente fácil perdermos o senso de diferença entre o que traz dinheiro e que causa felicidade. Você deve ter cuidado para não confundir correlação com causalidade ao avaliar a felicidade que podemos encontrar em diferentes trabalhos.

Todavia, felizmente, esses motivadores apresentam-se, estáveis ao longo das profissões e do tempo, dando-nos uma sensação de "norte verdadeiro", em relação ao qual podemos recalibrar as trajetórias de nossas carreiras. Devemos sempre lembrar que, a partir de certo ponto, os fatores de higiene, como, por exemplo, dinheiro, status, remuneração e segurança no trabalho, são muito mais um subproduto de estar feliz com um trabalho, não a causa dessa felicidade. Perceber isso nos liberta para focalizarmos as coisas que realmente importam.

~

Para muitos de nós, um dos erros mais fáceis de se cometer é concentrar-se na tentativa de satisfazer ao extremo os ornamentos mais tangíveis do sucesso profissional, na crença equivocada de que essas coisas vão nos fazer felizes. Salários melhores. Cargo de prestígio. Um escritório melhor. Essas coisas são, afinal, o que os nossos amigos e familiares veem como sinais de que "vencemos" profissionalmente. Mas assim que se pegar focando os aspectos tangíveis de seu trabalho, correrá o risco de se tornar como alguns dos meus colegas, perseguindo uma miragem. O próximo aumento de salário, você acha, será aquele que, finalmente, o fará feliz. É uma busca inútil.

A teoria da motivação sugere que precisamos fazer uma série de perguntas diferentes daquelas que a maioria de nós está acostumada a responder. Isso tem algum sentido para mim? Esse trabalho vai me proporcionar alguma chance de desenvolvimento? Vou aprender coisas novas? Terei alguma oportunidade de reconhecimento e realização? Será que terei alguma responsabilidade? Essas são as coisas que vão motivá-lo, verdadeiramente. Uma vez que você perceber e entender isso, os aspectos mais palpáveis do seu trabalho começaram a perder a importância.

CAPÍTULO TRÊS

O Equilíbrio entre Planejamento e Serendipidade

Entender o que nos move é um passo fundamental no caminho da realização. Mas isso é apenas a metade da batalha. Você precisa na verdade encontrar uma carreira que o motive e satisfaça os fatores de higiene. Mas se fosse assim tão fácil, cada um de nós já não teria feito isso? Raramente é tão simples assim. É preciso equilibrar a busca de aspirações e objetivos com o aproveitamento de oportunidades inesperadas. Muitas vezes, administrar essa parte do processo de estratégia é a diferença entre sucesso e fracasso para as empresas; e o mesmo também se aplica às nossas carreiras.

~

A Honda Domina os Estados Unidos... por Acidente

Na década de 1960, a gerência da Honda decidiu se firmar no mercado norte-americano de motos, historicamente dominado por um pequeno número de poderosas marcas nacionais de motos, como a Harley-Davidson, e algumas europeias, como a Triumph. A empresa partiu da estratégia de que fazer motos comparáveis àquelas feitas por esses concorrentes e vendê-las a preços significativamente mais baixos (na época, a mão de obra japonesa era *muito* barata), faria que eles roubassem dos europeus 10% do mercado de importação de motos.

Fazer isso quase destruiu a Honda. Nos primeiros anos, a empresa vendeu pouquíssimas motos — em comparação com as motos da Harley, as da Honda pareciam motos "pobres". Pior, a Honda descobriu que suas motos apresentaram vazamento de óleo quando submetidas a longas viagens em altas velocidades — algo típico nos Estados Unidos. Era um problema real. Os revendedores da Honda nos Estados Unidos não tinham como reparar esses problemas complicados e a empresa teve de gastar os poucos e preciosos recursos que tinha no país com frete aéreo para enviar essas motos defeituosas para reparo no Japão. Apesar dos problemas, a Honda persistiu na estratégia original, mesmo quando isso estava drenando praticamente todo o dinheiro da divisão norte-americana da empresa.

Além das motos grandes vendidas, a Honda havia enviado inicialmente algumas de suas motos menores para Los Angeles, mas ninguém realmente esperava que os clientes norte-americanos as comprassem. Conhecida como Super Cub, essas motos foram usadas no Japão principalmente nas entregas urbanas feitas às lojas ao longo das estradas estreitas, lotadas de pessoas, carros e bicicletas. Elas eram muito diferentes das motos grandes que os entusiasmados norte-americanos valorizavam. Com a redução cada vez maior dos recursos da Honda em Los Angeles, a empresa começou a permitir que seus funcionários usassem os Super Cubs para fazer entregas e serviços simples em torno da cidade.

Em um sábado, um membro da equipe da Honda foi com sua Super Cub às colinas a oeste de Los Angeles para subir e descer com a moto no meio da terra. Ele adorou aquilo. Nas curvas e voltas daquelas montanhas, ele conseguiu se livrar das frustrações que o haviam levado àquele lugar — a estratégia fracassada da moto grande.

No fim de semana seguinte, ele convidou seus colegas a fazer o mesmo. Vendo os colegas da Honda se divertirem tanto, outras pessoas que estavam nas montanhas naquele dia perguntaram onde eles podiam comprar uma "moto para terra" daquelas. Embora soubessem que elas não estavam disponíveis nos Estados Unidos, um por um, eles convenceram a equipe da Honda a trazê-las do Japão.

Logo depois, um comprador da Sears viu um funcionário da Honda passeando em uma pequena Super Cub e perguntou se a Sears poderia vendê-la em seu catálogo. A equipe da Honda não gostou muito da ideia, porque aquilo os desviaria da estratégia de vender as motos maiores — uma estratégia que ainda não estava funcionando. Pouco a pouco, porém, eles perceberam que vender as motos menores estava mantendo viva a divisão da Honda nos Estados Unidos.

Ninguém tinha imaginado que aquela era a forma como a Honda entraria no mercado dos Estados Unidos. Eles só tinham planejado competir com as motos semelhantes às da Harley. Mas ficou claro que uma melhor oportunidade havia surgido. Em última instância, a equipe gerencial da Honda reconheceu o que havia acontecido e concluiu que a Honda devia abraçar as motos pequenas como sua estratégia oficial. Ao preço de um quarto do custo de uma Harley grande, as Super Cubs não foram vendidas para aqueles consumidores clássicos de moto, mas para um grupo totalmente novo de usuários que foram chamados de "motoqueiros *off-road*".

O resto, como dizem, é história. A ideia de um funcionário se livrar da própria frustração nas montanhas naquele dia criou um novo passatempo para milhões de norte-americanos que não se encaixam no perfil do proprietário de uma moto grande tradicional. Isso levou a Honda à estratégia de extremamente bem-sucedida de vender as motos menores nas lojas de equipamentos pesados ou artigos esportivos, em vez de fazê-lo por meio de concessionárias tradicionais de motos.

A experiência da Honda em construir um novo nicho de moto nos Estados Unidos destaca o processo pelo qual cada estratégia é formulada e, posteriormente, evolui. Conforme ensinado pelo professor Henry Mintzberg, as opções para a sua estratégia nascem de duas fontes muito diferentes. A primeira fonte é aquela das oportunidades previstas, as oportunidades que você pode ver e escolher usar. No caso da Honda, foi o mercado de motos grandes nos Estados Unidos. Quando você coloca em prática um plano focado nessas oportunidades previstas, está perseguindo uma estratégia *deliberada*. A segunda fonte de opções é aquela das inesperadas, geralmente um coquetel de problemas e oportunidades que emergem enquanto você está tentando implementar o plano deliberado ou a estratégia que havia definido. Na Honda, o inesperado eram os problemas com as motos grandes, os custos associados a repará-las e a oportunidade de vender as pequenas Super Cub.

Os problemas e oportunidades não previstos entraram, essencialmente, em conflito com a estratégia deliberada pela atenção, capital e corações dos administradores e funcionários. A empresa precisa decidir se quer se ater ao plano original, modificá-lo, ou mesmo substituí-lo em conjunto com uma das alternativas que aparecem. Por vezes, a decisão é explícita; outras vezes, no entanto, uma estratégia modificada surge de uma miríade de decisões cotidianas que buscam oportunidades inesperadas e resolvem problemas não previstos. Quando uma estratégia se forma assim, ela fica conhecida como estratégia *emergente*. Os gerentes da Honda em Los Angeles, por exemplo, não tomaram nenhuma decisão explícita de mudar totalmente a estratégia, de focar nas Super Cubs de baixo custo, em uma reunião de estratégia de um dia inteiro. Em vez disso, eles perceberam, lentamente, que parar de vender as motos grandes estancaria os gastos do dinheiro necessário para cobrir o custo dos reparos de vazamento de combustível. E, um por um, conforme os funcionários iam encomendando mais motos Super Cub do Japão, o caminho para o crescimento rentável ficou claro.

Quando os líderes da empresa tomaram uma decisão clara de seguir a nova direção, a estratégia *emergente* tornou-se a nova estratégia *deliberada*.

Mas não para por aí. O processo de estratégia reitera esses passos repetidamente, em constante evolução. Em outras palavras, a estratégia não é um evento analítico discreto — algo decidido, digamos, em uma reunião de gerentes seniores com base nos melhores números e análises disponíveis no momento. Pelo contrário, é um processo contínuo, diversificado e indisciplinado. Gerenciar é algo muito difícil — a estratégia deliberada e as novas oportunidades emergentes lutam por recursos. Mas se você tem uma estratégia que realmente está funcionando, precisa se concentrar deliberadamente para manter todos trabalhando juntos na direção certa. Ao mesmo tempo, porém, esse foco pode fazê-lo descartar facilmente como uma distração o que realmente pode vir a ser a próxima grande realização.

Pode ser desafiador e indisciplinado, mas esse é o processo por meio do qual quase todas as empresas desenvolveram uma estratégia vencedora. O Walmart é outro grande exemplo. Muitas pessoas consideram Sam Walton, fundador lendário do

Walmart, um visionário. Elas assumem que ele começou sua empresa com um plano para mudar o mundo do varejo. Mas não foi isso que realmente aconteceu.

Walton pretendia originalmente construir a sua segunda loja em Memphis, pensando que uma grande cidade conseguiria sustentar uma loja maior. Mas, em vez disso, acabou optando pela cidade muito menor de Bentonville, Arkansas — por duas razões. Diz a lenda que sua esposa disse que ela não se mudaria para Memphis em condições incertas. Walton também reconheceu que ter a sua segunda loja perto da sua primeira lhe permitiria compartilhar carregamentos e entregas mais facilmente, e tirar proveito de outras eficiências logísticas. Isso, em última instância, ensinou à Walton a brilhante estratégia de abrir suas lojas grandes apenas em cidades pequenas — inviabilizando assim a concorrência de outros varejistas.

Não foi assim que ele imaginou o seu negócio inicialmente. A estratégia surgiu.

Equilibrando Emergente e Deliberada

Fico sempre impressionado como muitos dos meus alunos e outros jovens com quem já trabalhei acham que deveriam ter um planejamento feito para suas carreiras, passo a passo, para os próximos cinco anos. Conquistadores arrojados e aspirantes a conquistadores arrojados se cobram, quase sempre, a fazer exatamente isso. Começando antes mesmo do ensino médio, eles acham que para obter sucesso precisam ter uma visão concreta de exatamente o que querem fazer com suas vidas. Por trás dessa crença encontra-se a pressuposição implícita de que eles devem arriscar e se desviar de sua visão, somente se as coisas derem totalmente errado.

Mas ter um plano tão focado assim *só faz sentido em determinadas circunstâncias.*

Em nossas vidas e em nossas carreiras, estejamos ou não conscientes disso, estamos constantemente trilhando um caminho ao decidir entre estratégias deliberadas e as alternativas inesperadas que surgem no meio do caminho. Cada abordagem disputa por nossa mente e nosso coração para se tornar a real estratégia. Nenhuma delas é inerentemente melhor ou pior; em vez disso, a escolha depende do local onde você está no caminho. Entender isso — que a estratégia é feita desses dois elementos diferentes, e que as circunstâncias ditam qual abordagem é a melhor — possibilitará você escolher melhor entre as opções que sua carreira apresentará constantemente.

Se você encontrar um caminho em sua carreira que provê tanto os fatores de requisito de higiene quanto os motivadores, a abordagem deliberada fará sentido. Suas aspirações devem ser claras e você deve ter aprendido com suas experiências anteriores que é válido lutar por elas. Em vez de se preocupar em se adequar às oportunidades inesperadas, seu estado de espírito deve focar na melhor forma de atingir as metas que você cuidadosamente definiu.

Mas se você não atingiu o ponto de encontrar uma carreira que faz isso por você, precisa então, como uma empresa nova tentando encontrar o próprio caminho, ser emergente. Essa é outra forma de dizer que se estiver nessas circunstâncias, faça experimentos na vida. À medida que aprender com cada experiência, faça correções e ajustes. Em seguida, itere rapidamente. Continue vivenciando esse processo até que suas estratégias comecem a funcionar.

À medida que sua carreira se desenvolve, você começará a encontrar as áreas de trabalho que ama e nas quais brilhará. Você encontrará — espero — uma área na qual conseguirá maximizar os motivadores e atender aos fatores de higiene. Mas nunca é o caso de apenas sentar-se numa torre de marfim e pensar no problema até que a resposta simplesmente apareça. Uma estratégia quase sempre aparece da combinação de oportunidades deliberadas e inesperadas. O importante é desbravar o mundo e experimentar coisas até que você aprenda onde seus talentos, interesses e prioridades são recompensados. Quando descobrir o que realmente funciona para você, será a hora de mudar de uma estratégia emergente para uma deliberada.

Quando o *Wall Street Journal* não Respondeu

Talvez eu não tenha tido as palavras certas para descrevê-lo na época, mas navegar entre as oportunidades deliberada e emergente foi essencialmente como eu me tornei professor, uma carreira que amo. Levei anos para entender isso.

Na verdade, eu tive três carreiras profissionais: primeiro como consultor, depois como empresário e gerente, e agora como um acadêmico — não planejei nenhuma delas. Quando eu era um calouro na faculdade, decidi que queria me tornar o editor do *Wall Street Journal*, um jornal que eu admirava profundamente. Essa era a minha estratégia deliberada. Um dos meus professores me disse que eu era um bom escritor, mas em vez de me formar em jornalismo, eu teria uma chance melhor de me destacar nesse campo de milhares de candidatos se eu conhecesse o campo de economia e negócios. Então, estudei economia na graduação em BYU e também em Oxford. Depois, fiz o meu MBA em Harvard.

No final do primeiro ano no programa de MBA, eu me candidatei a uma vaga temporária no *Wall Street Journal*. Nunca recebi uma resposta. Fiquei arrasado, mas surgiu um estágio em uma empresa de consultoria. Não era o *Wall Street Journal*, mas sabia que poderia aprender muito ajudando clientes a resolverem problemas realmente interessantes, e esperava que esse trabalho me tornaria mais atraente para o jornal. Depois, outra empresa de consultoria ofereceu-se para pagar o custo total do meu segundo ano no MBA se eu aceitasse trabalhar com eles após a minha pós-graduação. Estávamos tão quebrados financeiramente que decidi aceitá-lo, pensando que poderia continuar aprendendo sobre o negócio e, então, eu largaria esse emprego e iniciaria a minha carreira no *Wall Street Journal*. Essa foi a minha estratégia *emergente*.

Infelizmente para o meu plano deliberado de ser editor do *Journal*, eu amava o trabalho de consultoria que estava fazendo. Mas depois de cinco anos lá, quando Christine e eu estávamos decidindo que já era hora de eu começar a carreira de jornalista, um amigo bateu à minha porta e me pediu para abrir uma empresa com ele. A perspectiva de começar meu próprio negócio, enfrentar os desafios que resolvi para os meus clientes nos últimos anos, realmente me animou. Eu não deixei a chance passar. Além disso, se eu pudesse dizer aos editores do *Journal* que eu já havia fundado e gerenciado uma empresa, eu poderia ser uma escolha ainda melhor para o caminho da editoria.

Abrimos nossa empresa em meados de 1987, pouco antes da *Black Monday*[1]. Por um lado, tivemos sorte: conseguimos levantar capital antes do mercado de ações quebrar. Mas por outro ponto de vista, o nosso momento foi terrível. Nossas ações

1 Black Monday: é o nome atribuido à segunda-feira, 19 de outubro de 1987, quando o DowJones Industrial Avarege caiu 22,6%, foi o maior declínio de um dia na história do mercado de ações.

caíram de US$ 10,00 para US$ 2,00 em um único dia. A nossa capitalização de mercado caiu tanto que nenhuma empresa grande injetaria dinheiro em nossa empresa. Tínhamos planejado conseguir levantar outra rodada de investimento para financiar nosso plano de crescimento. Mas sem esse financiamento, nos tornamos vulneráveis. Um dos nossos investidores iniciais vendeu suas ações para outra empresa de capital de risco, e essa venda concedeu à segunda empresa de capital de risco ações suficientes para se colocarem em posição de comando com relação ao futuro da empresa. Essa empresa queria seu próprio CEO na principal posição de direção da empresa — e eu fui demitido.

Eu não sabia disso na época, mas isso desencadeou o estágio três da minha estratégia emergente.

Vários meses antes eu fui demitido, havia conversado com um casal de professores seniores da Escola de Negócios de Harvard sobre outra possibilidade que eu tinha em mente: se eu seria bom na arte de lecionar. Os dois disseram que era muito provável. Então me vi num ponto em que a estrada se dividia em duas. Era esse o momento em que eu finalmente deveria seguir minha estratégia original deliberada de me tornar um editor do *Wall Street Journal*? Ou devo tentar o mundo acadêmico? Conversei com outro casal de professores sobre isso, e no domingo à noite daquela mesma semana em que eu tinha perdido o emprego, um deles ligou e perguntou se eu poderia conversar com ele no dia seguinte. Ele anunciou que, embora o ano letivo já houvesse começado, eles tinham se arriscado por mim e tinham tomado a decisão bastante incomum de me aceitarem no programa de doutorado naquele momento e naquela universidade. Menos de uma semana depois de minha demissão, com 37 anos de idade, eu era, mais uma vez, um estudante. A estratégia emergente mais uma vez se antecipou ao meu caminho deliberado.

Algum tempo depois que terminei meu doutorado e comecei meu trabalho como professor, encarei de frente a necessidade de obter estabilidade. Naquele momento, ponderei o fato de que, apesar de o mundo acadêmico ter entrado em minha vida por meio de uma porta emergente, no meu coração e na minha mente eu precisava fazer desse novo caminho a minha estratégia deliberada. Para ter sucesso nesse campo, percebi que precisava realmente focar nele. E foi isso que fiz.

Agora, aos 59 anos de idade, e depois de 20 anos de carreira acadêmica, eu ainda me pergunto, às vezes, se é finalmente o momento de tentar tornar-me editor do *Wall Street Journal*. O mundo acadêmico tornou-se minha estratégia deliberada — e permanecerá dessa forma enquanto eu continuar amando o que estou fazendo. Mas não bloqueei todos os problemas emergentes ou oportunidades. Assim como nunca imaginei, trinta anos atrás, que estaria onde estou, quem sabe o que pode acontecer amanhã?

O Que Precisa se Confirmar para Que Isso Funcione?

Naturalmente, é fácil pedir para que uma pessoa esteja aberta às oportunidades que forem surgindo. É muito mais difícil saber qual a estratégia devemos realmente seguir. A estratégia deliberada atual é o melhor caminho a seguir, ou é hora de adotar uma estratégia diferente que está surgindo? O que acontecerá se dez oportunidades surgirem de uma única vez? Ou se uma delas exigir um investimento substancial da sua parte só para descobrir se é algo que você gostará ou não? Idealmente, você não quer ter que fazer uma faculdade de medicina para descobrir que não quer ser médico. Sendo assim, o que é possível fazer para descobrir o que tem a melhor probabilidade de funcionar para você?

Há uma ferramenta que pode ajudá-lo a testar qual será uma abordagem frutífera: a deliberada ou uma nova emergente. Essa ferramenta nos obriga a articular quais suposições precisam ser confirmadas para que o sucesso seja atingido. Os acadêmicos que criaram esse processo, Ian MacMillan e Rita McGrath, chamam-no de "planejamento orientado a descoberta", mas talvez seja mais fácil pensar nisso como "O que precisa se confirmar para que isso funcione?".

Por mais simples que possa parecer, as empresas raramente usam essa pergunta ao pensarem na possibilidade de buscar novas oportunidades. Em vez disso, elas, frequente e involuntariamente, projetam o fracasso desde o início. Elas tomam decisões de prosseguir com um investimento baseado no que projeções iniciais sugerem que ocorrerá, mas, na verdade, elas nunca testam a precisão dessas projeções. Portanto, elas podem se ver bem atrasadas, ajustando projeções e suposições para que elas sirvam para o que está realmente acontecendo, em vez de fazer escolhas sensatas e testá-las antes de avançar muito no que estão fazendo.

Veja como o processo falho geralmente ocorre.

Um funcionário ou um grupo de funcionários apresentam uma ideia inovadora para um novo produto ou serviço, eles estão entusiasmados com a ideia que tiveram e querem que seus colegas também fiquem. Mas para convencer a gerência sênior do potencial da ideia, eles precisam montar um plano de negócios. Eles estão bastante cientes de que para a gerência aprovar o projeto, os números precisam ser bons — mas a equipe, muitas vezes, não saberá *direito* qual será a reação dos clientes, quais serão os verdadeiros custos e assim por diante. Então eles tentam adivinhar — fazem suposições. Frequentemente, os planejadores voltam aos escopos para mudar seus palpites. Mas isso raramente acontece porque aprenderam novas informações;

em vez disso, os inovadores e os gerentes de nível médio geralmente sabem o quão bom esses números devem ser para que a proposta seja aceita e financiada, de forma que, muitas vezes, precisam voltar e "melhorar" as projeções para que a proposta seja aprovada.

Se eles convencem a gerência de que estão certos, recebem sinal verde para dar andamento ao projeto. É só a partir daí que a equipe começa, que aprende quais dessas suposições inseridas no plano financeiro são corretas e quais não são.

Entendeu o problema? No momento em que eles aprenderam quais suposições estavam certas e quais não estavam já era tarde demais para fazer qualquer coisa. Em quase todo caso de fracasso de um projeto, foram cometidos erros em uma ou mais das suposições essenciais nas quais as projeções e as decisões foram baseadas. Mas a empresa não percebeu isso até ter trabalhado demais nessas ideias e planos. Dinheiro, tempo e energia já foram atribuídos ao projeto, a empresa está 100% comprometida e a equipe já está pronta para o trabalho. Ninguém quer enfrentar a gerência e dizer: "Sabe aquelas suposições que fizemos? Acontece que elas não estavam tão precisas...". Projetos acabam sendo aprovados com base em suposições incorretas, em oposição ao projeto que tem uma probabilidade muito maior de dar certo.

Por exemplo, a Disney lançou parques temáticos bem-sucedidos no sul da Califórnia, Flórida e em Tóquio. Mas o quarto parque, na França, foi um desastre por muito tempo. Eles perderam cerca de um bilhão de dólares nos dois primeiros anos. Como a empresa cometeu tal erro após três enormes sucessos?

Acontece que o planejamento inicial para o parque de Paris baseou-se nas suposições sobre o número total de visitantes possíveis e quanto tempo cada um deles permaneceria no local. As projeções basearam-se na densidade populacional em círculos concêntricos ao redor do parque planejado, padrões climáticos, níveis de renda e outros fatores; o plano previu 11 milhões de visitantes por ano. Nos outros parques temáticos, a média de estadia de um visitante era de três dias. Sendo assim, um modelo de 11 milhões de pessoas multiplicado por três dias, projetando, então, 33 milhões de "visitantes diários" a cada ano. A Disney construiu hotéis e infraestrutura para suportar esse número.

Bem, a empresa acabou descobrindo que teve cerca de 11 milhões de visitantes no primeiro ano. Mas, em média, esses visitantes permaneceram apenas um dia em comparação com os três dias de permanência dos visitantes dos outros parques.

O que aconteceu?

Nos outros parques, a Disney havia construído 45 passeios. Isso manteve os visitantes felizmente ocupados por três dias. Mas a Disney de Paris abriu suas portas com apenas 15 passeios. Era possível fazer tudo em um único dia.

Alguma pessoa da organização fez uma suposição inconsciente quanto à Disney de Paris ter o mesmo tamanho dos outros parques. Essa suposição foi então incorporada nos números. As pessoas nos cargos mais altos não tiveram sequer o trabalho de perguntar: "Quais as suposições mais importantes que precisam se confirmar para que essas projeções funcionem — e como vamos encontrá-las". Se o tivessem feito, teriam percebido logo no início do planejamento que ninguém sabia se as pessoas ficariam ou não três dias no parque, se o parque, por sua vez, tivesse apenas 15 passeios. Em vez disso, a Disney precisou lutar para se recuperar daquele início terrível.

Há uma maneira muito melhor de descobrir o que funcionará ou não. Trata-se de reordenar as etapas tipicamente envolvidas no planejamento de um novo projeto.

Quando surge uma ideia nova e promissora, as projeções financeiras devem, certamente, ser feitas. Mas, em vez de fingir que são precisas, reconheça que, naquele ponto, elas são realmente uma estimativa, um cálculo bruto e aproximado. Como todo mundo sabe que os números precisam ser bons para a gerência aprovar qualquer projeto, você não pode mascará-los incentivando as equipes a manipularem os números para que eles pareçam o mais robusto possível.

Em vez disso, peça que as equipes de projeto compilem uma lista de todas as suposições feitas nas projeções iniciais. Então, pergunte: "Qual dessas hipóteses precisam se confirmar para que tenhamos uma expectativa realista de que esses números vão se concretizar?". As suposições dessa lista devem ser classificadas por importância e incerteza. Na parte superior da lista, devem estar as suposições mais importantes e menos certas, ao passo que na parte inferior da lista devem estar aquelas menos importantes e mais certas.

Só depois de entender a importância relativa de todas as suposições subjacentes é que você deve dar sinal verde para a sua equipe — mas não da forma que a maioria das empresas tende a fazer. Diferentemente, encontre formas de testar, rapidamente e com o mínimo possível de despesas, a validade das suposições mais importantes.

Assim que a empresa entender se as suposições iniciais importantes estão bastante propensas a dar certo, ela pode tomar uma decisão muito melhor com relação à possibilidade de investir nesse projeto ou não.

A lógica de adotar essa abordagem é convincente — é claro que todo mundo quer alcançar números lindos, então por que continuar pedindo que os gerentes continuem trabalhando nesses números até que eles fiquem bons? Em vez disso, essa abordagem de "Qual pressuposto deve se confirmar?" oferece uma forma simples de não permitir que a estratégia se desvie muito do curso. Isso faz com que as equipes se concentrem no que realmente importa para materializarem os números. Se as perguntas certas são feitas, é geralmente fácil obter as respostas.

Antes de Aceitar o Trabalho

Esse tipo de planejamento também pode ajudá-lo a considerar as oportunidades de emprego. Nós todos queremos ser bem-sucedidos e felizes em nossas carreiras. Mas é muito fácil percorrer um longo caminho antes de perceber que as escolhas não estão dando certo como o esperado. Essa ferramenta pode ajudá-lo a evitar fazer exatamente isso.

Antes de aceitar um emprego, liste cuidadosamente as coisas que os outros vão precisar fazer ou entregar para que *você* conclua o que espera que concluir. Pergunte-se: "Quais suposições precisam se confirmar para que eu obtenha êxito nessa tarefa?". Liste-as. Elas são algo que você pode controlar?

Igualmente importante, pergunte-se quais suposições precisam se confirmar para você ser *feliz* na escolha que está contemplando. Você está baseando a sua posição em motivadores extrínsecos ou intrínsecos? Por que acha que isso será algo que gostará de fazer? Que provas tem? Toda vez que considerar uma mudança de carreira, continue pensando nas suposições mais importantes que precisam se confirmar, e como você pode, de forma rápida e barata, testar a validade delas. Garanta que esteja sendo realista quanto ao caminho à sua frente.

A Importância de Testar Hipóteses

Eu gostaria de ter tido os recursos necessários na época para usar essa ferramenta para ajudar uma aluna a evitar um primeiro trabalho decepcionante. Quando ela estava sendo recrutada, o pessoal da empresa de capital de risco, na qual ela acabou virando funcionária, disse a ela que tinham a intenção de investir 20% dos recursos em iniciativas para o crescimento dos países em desenvolvimento. Isso era o que minha aluna esperava ouvir. Ela trabalhou por muitos anos com uma organização humanitária na Ásia antes de ingressar na nossa faculdade e, após a graduação, ela saiu à procura de oportunidades ainda maiores com o objetivo de criar novas empresas em crescimento nos países emergentes. Parecia a coisa mais perfeita, e ela aceitou a oferta de emprego.

Mas acabou que, apesar das promessas, a empresa não tinha a intenção ou os recursos para fazer aquilo. Em cada nova tarefa, minha aluna esperava um investimento para países em desenvolvimento, mas isso nunca aconteceu. Ela havia retornado da Ásia determinada a continuar trabalhando com as nações em desenvolvimento, mas suas atribuições focavam continuamente os Estados Unidos. No final, ela ficou amargurada com seu empregador, sentindo que a empresa e seus líderes a aliciaram enganosamente a gastar seu tempo e talento na flor da idade. Num determinado momento, ela se demitiu e precisou começar tudo de novo.

Como ela poderia ter enxergado melhor por meio da lente do "O que precisa se confirmar?" para avaliar esse trabalho? Um bom começo seria ter olhado as características de outras empresas que entraram com sucesso nos países em desenvolvimento. Por exemplo, empresas que têm um profundo compromisso com os países em desenvolvimento geralmente têm o capital vinculado a investimentos nesses países. Eles têm parceiros dedicados à prática da empresa. Os investidores são atraídos para a empresa, em parte por causa do trabalho que ela realiza nos países em desenvolvimento. Talvez ela poderia ter optado por um estágio antes de se comprometer com um trabalho em tempo integral.

Se minha aluna tivesse listado e encontrado maneiras de testar essas suposições, ela provavelmente teria reconhecido que, embora a empresa tivesse a intenção de investir em economias emergentes, era muito improvável que isso realmente fosse feito. Da mesma forma, acabou que eu tive a mesma sorte ao fazer minhas próprias escolhas profissionais depois da minha graduação. Nunca parei para examinar minhas próprias suposições. Isso teria sido uma grande ferramenta para me ajudar a pensar o que precisava se confirmar para que qualquer oportunidade que eu tivesse, seja de consultoria, empreendedorismo ou no mundo acadêmico, pudesse ser aquele em que eu alcançaria o sucesso e a felicidade também.

Olhando para trás, eu era capaz de navegar minha própria jornada por meio de uma combinação de remadas para frente e para trás da estratégia deliberada e estar aberto às oportunidades inesperadas. Espero que você também possa. Nunca vou dizer que minha carreira está estável e perfeita, ainda pode haver oportunidades inesperadas e animadoras no mundo para mim, mesmo com 59 anos. Quem sabe? Talvez o *Wall Street Journal* ainda me chame um dia e me ofereça aquele emprego...

~

Esperançosamente, você sairá por aí com uma compreensão do que nos motiva. Mas, por experiência própria, pode ser difícil encontrar a carreira certa que faça isso com você.

O que podemos aprender a partir de como as empresas desenvolvem uma estratégia é que, embora seja difícil acertar de primeira, o sucesso não depende disso. Em vez disso, ele depende de você continuar tentando e experimentando até encontrar uma abordagem que funcione. Apenas algumas empresas sortudas começam com uma estratégia que acaba por conduzi-la ao sucesso.

Assim que você entender o conceito de estratégia emergente e deliberada, saberá que se ainda não encontrou algo que realmente funcione na sua carreira, esperar ter uma visão clara de onde sua vida vai levá-lo é simplesmente perda de tempo. Pior ainda, isso pode, na verdade, fechar sua mente para oportunidades inesperadas. Enquanto você ainda está tentando descobrir sua carreira, deve manter a porta da sua vida escancarada. Dependendo de determinadas circunstâncias, você deve estar preparado para tentar oportunidades diferentes, pronto para caminhar e continuar adequando sua estratégia até encontrar algo que satisfaça os fatores de higiene e que, ao mesmo tempo, proporcione a você todos os motivadores. Só então é que uma estratégia deliberada fará sentido. Você saberá quando acertar.

Por mais difícil que pareça, é preciso ser honesto consigo próprio com relação ao processo inteiro. A mudança pode ser difícil, e provavelmente parecerá mais fácil se ater ao que já está fazendo. Esse pensamento pode ser perigoso. Você só está adiando as coisas, e corre o risco de acordar um dia, anos depois, olhar para o espelho e se perguntar: "O que estou fazendo com a minha vida?".

CAPÍTULO QUATRO

Sua Estratégia Não É O Que Você Diz Que É

Você pode falar o quanto quiser sobre ter uma estratégia para a sua vida, sobre entender motivação e equilibrar aspirações com oportunidades inesperadas. Mas, em última instância, isso não significa nada se você não alinhá-la com aquilo com o que realmente gasta o seu tempo, dinheiro e energia.

Em outras palavras, a forma como você aloca seus recursos é que mostrará os resultados.

A estratégia real, nas empresas e em nossas vidas, é criada por meio de centenas de decisões diárias sobre como gastamos nossos recursos. À medida que vive sua vida, dia a dia, como faz para ter certeza de que está indo na direção certa? Veja para onde seus recursos estão fluindo. Se eles não estiverem dando suporte à estratégia adotada, você não está implantando essa estratégia em tudo.

~

Não Entender a Medida do Sucesso

Mais de uma década atrás, a SonoSite, localizada em Seattle, foi fundada para fabricar equipamentos de ultrassom portáteis, pequenas máquinas que tinham o potencial de realmente mudar a área da saúde. Antes dessas máquinas, a única coisa que a maioria dos médicos e enfermeiros poderiam fazer ao realizar um exame era ouvir e sentir os problemas sob a pele. Como resultado, muitos problemas não eram detectados até que atingissem um grau mais avançado. Por vinte anos ou mais, embora já existisse a tecnologia que possibilitava aos especialistas analisarem o corpo de um paciente por meio de um carrinho de ultrassom, tomografia computadorizada, ou aparelhos de ressonância magnética, esse equipamento era grande e dispendioso. As máquinas de ultrassom portáteis da SonoSite, porém, mudaram o cenário e tornaram o ultrassom acessível e fácil para que os médicos e enfermeiros responsáveis por cuidados primários conseguissem ver dentro dos corpos de seus pacientes.

A SonoSite tinha duas famílias de produtos portáteis. Seu produto principal, batizado de Titan, era quase tão grande quanto um laptop. O outro, batizado de iLook, tinha menos da metade do tamanho do Titan, e um terço do preço. As duas máquinas tinham um enorme potencial.

O iLook não era tão sofisticado como o Titan, nem tão rentável, mas era muito mais portátil. O presidente e CEO da empresa, Kevin Goodwin, sabia que havia um mercado promissor para ela — o iLook conseguiu gerar milhares de oportunidades de vendas nas primeiras seis semanas após seu lançamento. Ficou claro que se a SonoSite não vendesse o iLook, alguém desenvolveria a mesma tecnologia compacta e barata atrapalhar as vendas das máquinas mais caras, e da própria SonoSite.

Ansioso para ver, em primeira mão, como os clientes estavam respondendo ao novo e menor produto, Goodwin pediu para acompanhar uma visita de vendas de um dos melhores vendedores da empresa.

Goodwin aprendeu uma lição fundamental com o que aconteceu.

O vendedor sentou-se com o cliente e começou a vender o Titan — o ultrassom portátil. Ele nem sequer tirou o iLook portátil da mochila. Depois de quinze minutos, Goodwin decidiu intervir.

— Apresente a eles o iLook. Pediu Goodwin ao vendedor. Mas ele foi completamente ignorado. O vendedor continuou exaltando os benefícios do Titan. Goodwin esperou alguns minutos e interviu novamente. — Tire a máquina de ultrassom portátil da sua mochila! — Insistiu. Mais uma vez, o vendedor o ignorou completamente. Goodwin pediu, três vezes, a um de seus melhores vendedores para que ele vendesse o iLook — na frente do cliente. Ele foi completamente ignorado em todas as vezes.

O que estava acontecendo? O CEO da empresa não conseguiu persuadir seu funcionário a fazer o que ele pediu?

O vendedor não estava deliberadamente tentando desafiar Goodwin. Na verdade, ele estava fazendo exatamente o que a empresa queria que ele fizesse: vender o produto que proporcionava um retorno maior.

Goodwin sabia que a inovação portátil tinha um potencial enorme a longo prazo para a empresa, talvez até mais do que aquele bem-sucedido modelo do tamanho de um laptop. O problema era que todos os vendedores ganhavam por comissão, e o sucesso para eles estava definido pelo valor total de suas vendas e margem bruta de dinheiro. Era muito mais fácil o melhor vendedor de Goodwin vender uma das máquinas de ultrassom portáteis do tamanho de um laptop que vender cinco daqueles pequenos produtos. Em outras palavras, Goodwin *achou* que estava dando instruções claras ao vendedor, por um lado. Mas, por outro lado, o sistema de compensação gritava instruções contrárias.

O Paradoxo da Alocação de Recursos

Na SonoSite, como em quase todas as empresas, esse conflito não era um descuido acidental. Pelo contrário, é um paradoxo penetrante — um problema que recebeu o nome, em minha pesquisa, de o *dilema da inovação*. A demonstração dos resultados da empresa destacou todos os custos incorridos à empresa. Ela também mostrou todas as receitas que a SonoSite precisava gerar dia a dia, a fim de cobrir os custos, que, aliás, era algo que a empresa tinha de fazer se quisesse melhorar a qualidade e o custo dos cuidados de saúde para milhões de pessoas. Os vendedores teriam que vender cinco dispositivos portáteis iLook para gerar os lucros que um único Titan proporcionava. E a comissão dos vendedores seria maior quando eles vendessem o dispositivo portátil mais caro.

Os tipos de problemas contra os quais Kevin Goodwin e seus vendedores estavam lutando são alguns dos mais desafiadores de todos: aquelas cujas coisas que fazem sentido não fazem sentido. Às vezes, esses problemas surgem entre os departamentos de uma empresa. Na SonoSite, por exemplo, o que fazia sentido do ponto de vista do CEO não o fazia do ponto de vista do vendedor. O que fazia sentido para os engenheiros (aumentar o desempenho dos próximos produtos para um nível maior que o melhor já atingido pelos produtos atuais, tornando-os mais sofisticados e capazes, independentemente dos custos), ia contra a lógica da estratégia da empresa, que era tornar o iLook menor ainda e mais acessível.

Muitas vezes, ainda mais perturbador é quando esses problemas surgem na mente da mesma pessoa: quando a decisão certa para o longo prazo não faz sentido para o curto prazo, quando o cliente errado visitado é realmente o cliente certo, e quando o produto mais importante a ser posto à venda não faz sentido nenhum.

A decisão que o caso SonoSite descreve apresenta o último componente no processo de estratégia: alocação de recursos. No capítulo anterior, apresentamos a ideia de que decidimos entre planos deliberados e alternativas emergentes. Neste capítulo, vamos ver isso mais profundamente, porque no processo da estratégia, a alocação de recursos é o momento da verdade. O processo de alocação de recursos determina quais iniciativas deliberadas e emergentes são financiadas e implantadas, e quais recursos são negados. Tudo relacionado à estratégia dentro de uma empresa é apenas *intenção* até chegar ao estágio de alocação de recursos. A visão, os planos e as oportunidades da empresa — e todas as suas ameaças e problemas — querem, todos, prioridade, competindo uns contra os outros para se tornarem a estratégia que a empresa implantará.

Quando as Pessoas Causam os Problemas

Às vezes, uma empresa como a SonoSite direciona mal os funcionários bem intencionados quando as medidas de sucesso para eles vão contra aquelas que trará o sucesso para a empresa. A empresa também pode estar errada ao priorizar um curto prazo em detrimento de um longo.

Mas, por vezes, as próprias pessoas são a raiz do problema.

A Apple Inc. mostra como as diferenças entre as prioridades dos indivíduos e as prioridades de uma empresa podem ser fatais. Durante a maior parte da década de 1990, após seu fundador Steve Jobs ter sido forçado a deixar a empresa, a capacidade da Apple em criar os produtos fantásticos que a deixaram famosa simplesmente sumiu. Sem a disciplina de Jobs na empresa, uma barreira começou a surgir entre a estratégia pretendida e a estratégia real da empresa, e a Apple começou a afundar.

Por exemplo, a tentativa da Apple de criar um sistema operacional da próxima geração para competir com a Microsoft durante os anos 1990 — nomeado Copland — fracassou várias vezes. Apesar de ter sido uma suposta prioridade para a empresa, a Apple simplesmente não conseguiu. A gerência continuava dizendo a todos (imprensa, funcionários e acionistas) como aquilo era importante. Mas nas linhas de frente, a visão da alta administração com relação ao que o mercado queria fazia pouco sentido para as equipes. Os engenheiros pareciam mais interessados em sonhar com um novo produto do que terminar o que já havia sido prometido para o projeto Copland. Sem Jobs, os indivíduos gastavam tempo pensando em ideias que os empolgavam, independentemente de terem cumprido os objetivos da empresa. Num determinado momento, Ellen Hancock, diretora de tecnologia da Apple na época, cancelou completamente o Copland, recomendando que a empresa comprasse outra coisa no lugar dele.

Quando Jobs retornou à Apple como CEO, em 1997, ele começou a corrigir imediatamente o problema essencial de alocação de recursos. Em vez de permitir que todos se concentrassem em seu próprio senso de prioridades, Jobs devolveu à Apple sua essência: fazer os melhores produtos do mundo, mudar a maneira de como as pessoas pensam no uso de tecnologia em suas vidas, e fornecer ao usuário uma experiência fantástica. Qualquer coisa não alinhada com essa linha de pensamento foi eliminada; as pessoas que não concordaram levaram bronca, foram advertidas ou demitidas. Pouco depois, as pessoas começaram a entender que, se não alocassem seus recursos de uma maneira coerente com as prioridades da Apple, teriam problemas. Mais do que qualquer outra coisa, a profunda compreensão interna do que Jobs priorizava é o motivo de a Apple ter conseguido cumprir o que se propunha a fazer, e é, em grande parte por isso, que a empresa conseguiu recuperar sua posição entre as mais bem-sucedidas no mundo inteiro.

Os Perigos de Errar os Prazos

Mas as pessoas estão longe de serem a única causa desse problema. Na verdade, se você estudar as causas dos desastres empresariais, encontrará, cada vez mais, uma predisposição maior voltada para os esforços que oferecem gratificação imediata em vez daqueles que resultam em sucesso a longo prazo. Muitos sistemas de tomada de decisão das empresas são projetados para focar os investimentos nas iniciativas que oferecem os retornos mais tangíveis e imediatos; portanto, as empresas, muitas vezes, favorecem esses investimentos e aqueles rápidos de serem mudados em iniciativas que são essenciais para suas estratégias de longo prazo.

Para ilustrar o quão intrínseco é o dilema da inovação entre opções de curto e longo prazo, analisaremos outra empresa: a Unilever, um dos maiores fornecedores mundiais de produtos no setor de alimentos, higiene pessoal, de lavanderia e limpeza, e também uma das empresas mais investidoras no setor. Para crescer, a Unilever investiu bilhões de dólares na criação de inovações revolucionárias que produziriam um crescimento significativo de negócios novos para a corporação. Em termos de corridas, porém, em vez de novos e animadores produtos "maratonas", seus inovadores produzem frequentemente corridas de 100, 200 e 300 metros rasos — ano após ano. Por quê?

Depois de estudar os esforços da Unilever por mais de uma década, concluí que o motivo é que a empresa (e muitas empresas parecidas com ela), inadvertidamente, *ensina* os seus melhores funcionários a correr apenas 100, 200 e 300 metros rasos. Os executivos seniores da empresa identificam, a cada ano, a próxima geração de líderes (líderes de potencial alto, ou "HPLs") de suas operações em todo o mundo. Para treinar esse quadro para que, como altos executivos, eles consigam atuar ao redor do globo, de uma tarefa à outra, com autoconfiança, a empresa faz um rodízio com os HPLs nas atribuições de 18 meses a 2 anos em cada grupo funcional (finanças, operações, vendas, RH, marketing e assim por diante) numa amostra de produtos e mercados.

À medida que terminam cada tarefa, a qualidade do trabalho concluído normalmente determina a proeminência da próxima missão que recebem. Os HPLs que registram uma série de tarefas de sucesso "ganham" as próximas melhores tarefas e têm uma probabilidade maior de se tornar os próximos executivos seniores da empresa.

Pense nisso da perspectiva dos funcionários jovens, que ficaram emocionados ao serem escolhidos para esse programa de desenvolvimento. Quais projetos eles estão propensos a desejar em cada uma de suas tarefas? Na teoria, eles lutam por produtos e processos que serão essenciais para o sucesso futuro (cinco a dez anos à frente) da Unilever. Mas os resultados desses esforços, disponível somente muitos anos depois, adornarão o registro de quem participou daquela tarefa específica naquele momento — não a pessoa cujo *insight* deu origem a ela. Se, em vez disso, os HPLs se concentram na obtenção de resultados que sabem que podem ser vistos e medidos dentro de 24 meses, mesmo que esse método não seja a melhor abordagem, eles sabem que as pessoas que executam o programa conseguem avaliar a contribuição que deram a um projeto concluído. Enquanto tiverem algo a mostrar nos esforços empregados, os HPLs sabem que terão uma chance de receber uma próxima tarefa melhor ainda. O sistema recompensa os altos executivos de amanhã por estarem decididamente focados no curto prazo, prejudicando, inadvertidamente, os objetivos da empresa.

Incentivos desalinhados são perigosos. Por exemplo, os Estados Unidos não conseguem mudar a Previdência Social, Medicare[1] e outros programas governamentais, embora todos concordem que esses programas estão conduzindo o país a um precipício íngreme que levará à falência. Por quê? Os membros da Câmara dos Representantes se reelegem a cada dois anos. Esses representantes, com ou sem razão, estão convencidos de que se os Estados Unidos precisam ser salvo, eles pessoalmente precisam ser reeleitos para liderar esse esforço.

Todos sabem como resolver esses problemas. Mas nenhum membro da Câmara vai tirar a solução da manga e "vendê-la" a seus clientes, os eleitores. A razão é que há tantas pessoas que se beneficiam desses programas que elas não votarão em quem vender a solução. Apesar de os estadistas seniores (que estão aposentados e não precisam mais se candidatar à reeleição) estarem sentados bem ao lado dos membros e, mais e mais, solicitarem que os representantes atuais tirem as soluções da manga, os candidatos eleitos simplesmente não podem fazê-lo. Alguém tem que organizar uma conferência em Maui, onde os vendedores da SonoSite, os HPLs da Unilever, e os membros do Congresso possam se solidarizar, uns com os outros, a respeito do intenso braço de ferro entre o que eles escutam que é a prioridade e o que eles realmente são incentivados a fazer.

Não é um jogo fácil de ganhar.

Alocação dos Recursos Entre os Seus "Negócios"

Nas palavras de Andy Grove: "Para entender a estratégia da empresa, olhe o que eles realmente fazem e não o que eles dizem

[1] Sistema de seguro de saúde do governo norte-americano destinado a pessoas com 65 anos ou mais, ou que atendam a determinados requisitos.

que vão fazer". A alocação de recursos funciona praticamente da mesma forma em nossas vidas e carreiras. Gloria Steinem definiu estratégia para o seu mundo como Andy Grove fez para o dele: "Conseguimos ver nossos valores olhando para os nossos talões de cheques". O dilema de que máquina sacar da bolsa de um vendedor é muito similar ao dilema que todos nós enfrentamos perto do final de um dia de trabalho: trabalho mais meia hora para fazer algo mais, ou vou para casa e brinco com os meus filhos?

Eis uma maneira de acomodar os investimentos que fazemos na estratégia que é a nossa vida: temos recursos (tempo pessoal, energia, talento e riqueza, por exemplo) e estamos utilizando-os para tentar fazer vários "negócios" em nossas vidas pessoais. Estes incluem ter um relacionamento gratificante com nosso cônjuge ou outros relacionamentos significativos, criar filhos bons, obter sucesso em nossa carreira, dar alguma contribuição à nossa igreja ou comunidade e assim por diante. Mas infelizmente nossos recursos são limitados e esses negócios estão competindo por eles. É exatamente o mesmo problema que uma empresa tem. Como alocar os recursos a cada um desses negócios?

A menos que você controle-o conscientemente, o seu processo de alocação de recursos pessoais decidirá os investimentos de acordo com os critérios "padrão" que estão, essencialmente, conectados em seu cérebro e coração. Como acontece nas empresas, seus recursos não são decididos e implantados em uma única reunião ou ao revisar a agenda para a próxima semana. É um processo contínuo, e você tem, no cérebro, um filtro para fazer escolhas sobre o que priorizar.

Mas é um processo confuso. As pessoas requerem seu tempo e energia todos os dias e mesmo se estiver focado no que é importante para você, ainda é difícil saber quais são as escolhas certas. Se tiver um pingo de energia extra ou trinta minutos sobrando, há um monte de gente fazendo-o gastá-los aqui em vez de lá. Com tantas pessoas e projetos demandando o seu tempo e atenção, você pode ter a sensação de não estar no comando do próprio destino. Às vezes, isso é bom: oportunidades não antecipadas podem surgir. Mas, outras vezes, essas oportunidades podem desviá-lo do curso, como aconteceu com muitos dos meus colegas.

O perigo para as pessoas altamente realizadoras é que elas alocam inconscientemente seus recursos em atividades que apresentam rendimentos mais imediatos, realizações tangíveis. Isso acontece, muitas vezes, em suas carreiras, já que esse domínio da vida provê a evidência mais concreta de que elas estão progredindo. Elas embarcam um produto, terminam um projeto, ajudam um paciente, fecham uma venda, dão uma aula, ganham um caso, publicam um artigo, são pagas, são promovidas. Essas pessoas saem da faculdade e acham fácil focar sua preciosa energia na construção de uma carreira. Os alunos em minhas classes são frequentemente assim, eles saem da faculdade com uma vontade intensa de mostrar o que aprenderam.

Na verdade, a forma como você aloca seus próprios recursos pode fazer a sua vida se transformar exatamente no que espera ou em algo muito diferente daquilo que pretende.

Para aqueles meus colegas que, inadvertidamente, investiram em uma vida de infelicidade, não posso deixar de acreditar que os problemas que tiveram são resultados da alocação incorreta de recursos. Para algumas pessoas, eles tinham boas intenções, queriam sustentar as próprias famílias e oferecer aos filhos as melhores oportunidades possíveis na vida. Mas, de alguma forma, gastaram seus recursos em caminhos e atalhos sem saída, em locais que não tinham imaginado.

Eles priorizaram as coisas que proporcionavam retornos imediatos, como, por exemplo, uma promoção, um aumento ou um bônus, e não coisas que exigem trabalho de longo prazo, aquelas que o retorno só poderá ser visto depois de décadas, como criar bons filhos. E quando esses retornos imediatos eram recebidos, eles os usavam para financiar um estilo de vida bastante requintado para eles mesmos e suas famílias: melhores carros, casas e férias. O problema é que as demandas desse estilo de vida podem prejudicar o processo de alocação de pessoal de recursos. "Eu não consigo dedicar menos tempo ao meu trabalho porque do contrário não vou conseguir aquela promoção, e preciso dela...".

Ao pretender ter uma vida pessoal satisfatória junto com a vida profissional, fazer escolhas especificamente para proporcionar uma vida melhor à sua família, essas pessoas ignoram inconscientemente esposa e filhos. Investir tempo e energia nessas relações não oferece a esses realizadores a mesma sensação imediata de realização que uma carreira de rápido desenvolvimento oferece. Você pode negligenciar o seu relacionamento com o cônjuge e, diariamente, isso não terá a impressão de que as coisas estão se deteriorando. Sua esposa ainda está lá quando você chega em casa, todas as noites. E as crianças descobrem novas formas de mau comportamento o tempo inteiro. Você não poderá colocar a mão na cintura e dizer, "Nós criamos bons filhos", antes de, pelo menos, vinte anos terem se passado.

Na verdade, você se deparará, frequentemente, com mesmo preocupante padrão ao olhar a vida pessoal de muitas pessoas ambiciosas. Embora elas possam acreditar que a família é profundamente importante para elas, vão, mesmo assim, alocar cada vez menos recursos para as coisas que dizem ser mais importantes.

Poucas pessoas se propõem a fazer isso. As decisões que resultam nisso parecem, muitas vezes, táticas — apenas pequenas decisões que essas pessoas acham que não terão qualquer impacto maior. Mas, à medida que continuam alocando os recursos dessa forma, embora frequentemente não percebam isso, elas estão empregando uma estratégia muito diferente da que pretendem.

~

Uma estratégia, seja em empresas ou na vida, é criada por meio de centenas de decisões diárias sobre como gastar o tempo, energia e dinheiro. Em cada momento do seu tempo e em todas as decisões sobre como gastar sua energia e dinheiro, você está afirmando o que realmente é importante para você. Você pode falar o quanto quiser sobre ter um objetivo claro e uma estratégia de vida, mas, em última instância, isso não significa nada se não estiver investindo os recursos que tem de uma forma consistente com a sua estratégia. No final, uma estratégia não é nada além de boas intenções se não for efetivamente implantada.

Como se certificar de que está implantando a estratégia que realmente quer implantar? Veja para onde os seus recursos estão fluindo (o processo de alocação de recursos). Se esse processo não estiver apoiando a estratégia adotada, você corre o risco de ter um problema sério. Você pode pensar que é uma pessoa caridosa, mas quantas vezes realmente doou seu tempo ou dinheiro a uma causa ou a uma organização com a qual se preocupa? Se a sua família é mais importante para você, quando pensa em todas as escolhas feitas com relação ao seu tempo no período de uma semana, a sua família aparece no topo da lista? Porque se as decisões tomadas sobre onde investir o seu sangue, suor e lágrimas não estiverem em consonância com a pessoa que aspira ser, você nunca se tornará essa pessoa.

SEÇÃO II

~

Encontrando a Felicidade nos Relacionamentos

Os momentos mais felizes da minha vida foram os poucos que passei em casa, no seio da minha família.

— *Thomas Jefferson*

ATÉ AGORA, CONCENTRAMO-NOS em como usar o processo de estratégia para encontrar satisfação na carreira. Comecei discutindo o que realmente nos motiva: as prioridades que nos fazem vivenciar a felicidade naquilo que fazemos no trabalho. Em seguida, mostrei como equilibrar um plano deliberado para encontrar uma carreira que ofereça as motivações, junto com as oportunidades inesperadas que sempre surgem ao longo do caminho. E, finalmente, conversamos sobre a alocação de nossos recursos de uma maneira consistente com todos esses conceitos. Entenda as três partes do processo de estratégia e você estará a caminho de uma carreira que ama de verdade.

Muitos de nós estão conectados a uma alta necessidade de realização, e a carreira será a forma mais imediata de medir isso. Em nosso próprio processo interno de alocação de recursos, será incrivelmente tentador investir cada hora extra de tempo ou grama de energia em qualquer atividade que produza a evidência mais clara e imediata de que conseguimos algo. Nossas carreiras oferecem tal evidência em grandes quantidades.

Mas há muito mais vida do que a sua carreira. A pessoa que você é no trabalho e a quantidade de tempo que gasta não terá impacto sobre a pessoa que você é fora do trabalho com sua família e amigos íntimos. Na minha experiência, pessoas altamente realizadoras concentram muito de seu tempo na meta de se tornar a pessoa que querem ser no trabalho — e muito pouco na pessoa que querem ser em casa. Investir nosso tempo e energia na criação de filhos maravilhosos ou aprofundar o nosso amor com o cônjuge não oferece, geralmente, evidência clara de sucesso ao longo de muitos anos. Isso, portanto, nos faz investir excessivamente em nossas carreiras, e investir muito pouco em nossas famílias, negando a uma das partes mais importantes de nossa vida os recursos de que ela precisa para prosperar.

Deve estar ficando claro que as respostas a todas as três perguntas estão profundamente ligadas. Tente o quanto quiser, mas é muito difícil separar diferentes partes de sua vida. As prioridades de sua carreira, os motivadores que o farão feliz no trabalho, são simplesmente uma parte de um abrangente conjunto de prioridades em sua vida, prioridades que incluem família, amigos, fé, saúde e assim por diante. De forma semelhante, a maneira como você equilibra seus planos com as oportunidades inesperadas e aloca seus recursos (tempo e energia) não para quando você sai do trabalho. Você está tomando decisões sobre eles a cada momento de sua vida. Haverá constante pressão pela concessão do seu tempo, tanto em casa quanto no trabalho, vinda das pessoas e dos projetos. Como você decide quem recebe o quê? Quem gritar mais? Quem pegar primeiro? Você precisa garantir que os seus recursos serão alocados de forma consistente com as suas prioridades. Você precisa garantir que suas próprias medidas de sucesso estejam alinhadas com sua principal preocupação. E tem que garantir que esteja pensando em tudo isso no momento certo — supere a tendência natural de se concentrar no curto prazo em detrimento do longo prazo.

Quase nunca é fácil. Mesmo quando você conhece suas verdadeiras prioridades, tem que lutar para mantê-las em sua própria mente todos os dias. Por exemplo: problemas e desafios interessantes prendem minha atenção, acredito, como a de muitos de vocês. Consigo passar horas num deles; resolvê-los me proporciona um "bem-estar" passageiro, de curto prazo. Seria fácil ficar até mais tarde no trabalho tentando resolver um desses desafios, ou parar no corredor para ter uma conversa interessante com um colega, ou atender ao telefone e me ver concordando em trabalhar em algo completamente novo e ficar verdadeiramente animado com essa nova proposta.

Mas sei que gastar meu tempo dessa forma não está coerente com minhas prioridades. Tive que me forçar a permanecer alinhado com o que mais importa para mim, colocando paradas, barreiras e limites em minha vida (sair do escritório às seis todos os dias para ter tempo de jogar bola com meu filho, ou para levar minha filha a uma aula de balé) para me manter fiel ao que eu mais valorizo. Se não fizesse isso, sei que ficaria tentado a medir meu sucesso naquele dia pela resolução de um problema, em vez de passar aqueles momentos que adoro ao lado da minha família. Eu tenho que ser honesto comigo mesmo sobre o fato de que o resultado em longo prazo de investir meus recursos nessa esfera da minha vida será muito mais profundo. O trabalho pode proporcionar um sentimento de satisfação, mas esse sentimento se desvanece em comparação com a felicidade duradoura encontrada nas relações íntimas que você cultiva com sua família e amigos íntimos.

Nos próximos capítulos, vamos explorar mais isso. Mas há um tema que merece um contexto particular. Toda vez que estiver lidando com outros seres humanos, você nem sempre conseguirá controlar o resultado das coisas; e isso é a mais pura verdade quando se trata de filhos. Mesmo se você estiver equipado com muito amor e um leque de boas intenções, é um mundo complicado: os filhos têm um acesso sem precedentes a ideias de todos os lugares — dos amigos, da mídia, da Internet. O pai ou mãe mais determinado(a) ainda confirmará que é quase impossível controlar todas essas influências. Além de tudo isso, cada filho é moldado de forma diferente. É raro termos filhos exatamente como nós, ou iguais, algo que frequentemente ainda é surpresa para os pais de primeira viagem. Nossos filhos não estão sempre interessados nas mesmas coisas que estávamos, e eles nem sempre se comportam da forma como nos comportávamos.

Como tal, ninguém conseguirá lhe oferecer uma abordagem polivalente, pois ela não existe. A água quente que amolece uma cenoura endurecerá um ovo. Como pai ou mãe, você tentará muitas coisas com seu filho que simplesmente não vão funcionar. Quando isso acontece, pode ser muito fácil vê-lo como fracasso. Não faça isso. Se tiver que ser visto como algo, é certamente o oposto. Se você relembrar nossa discussão sobre estratégia emergente e deliberada, o equilíbrio entre seus planos e oportunidades inesperadas, saberá então que alguma coisa errada não significa que você fracassou. Em vez disso, significa que acabou de aprender o que não funciona. Você sabe agora que precisa tentar outra coisa.

Também é preciso dizer que existem algumas ferramentas disponíveis para as empresas que não podemos usar em nossas vidas pessoais. Por exemplo, as empresas têm a capacidade de contratar e demitir funcionários para moldar a cultura que desejam. Você não pode contratar seus filhos para moldar uma cultura. Você não pode escolher como eles serão ligados. E por mais que você queira, às vezes, não pode demiti-los. (Felizmente, eles também não podem demiti-lo.)

No entanto, o que ofereço nos capítulos a seguir pode ajudá-lo porque muitos dos problemas que encontramos no local de trabalho possuem, muitas vezes, fundamentalmente a mesma natureza que os problemas que encontramos em casa. Se você quiser ser um bom cônjuge, um bom pai ou mãe e um bom amigo ou amiga, então as próximas teorias vão lhe dar uma chance muito melhor de criar o tipo de família que aspira e o tipo de amizade que dura a vida inteira. Mas nada pode lhe prometer resultados perfeitos. O que posso prometer é que você não acertará se não se comprometer a continuar tentando.

Relacionamentos íntimos, amorosos e duradouros com nossos familiares e amigos íntimos estarão entre as fontes mais profundas de alegria em nossas vidas. Vale a pena lutar por eles. Nesta seção, vamos explorar como você pode nutrir essas relações — e, de igual importância, evitar danificá-las — à medida que continua a sua jornada de vida.

CAPÍTULO CINCO

O Passar do Tempo

A relação que você tem com família e amigos íntimos será a fonte mais importante de felicidade na sua vida. Mas é preciso ter cuidado. Quando tudo em casa parecer estar indo bem, você será induzido a acreditar que pode colocar em segundo plano os investimentos desses relacionamentos. Isso seria um grande erro. Quando surgirem problemas sérios nessas relações, será, muitas vezes, tarde demais para repará-los. Isto significa, quase paradoxalmente, que o momento mais importante para investir na construções de fortes relações familiares e com os amigos é quando parece, aparentemente, que não é necessário.

~

Um Fracasso Espetacularmente Colossal

Poucas empresas lançaram seus produtos com mais alarde do que a *Iridium Satellite Network*, empresa de telefonia móvel que permitiria que as pessoas ligassem literalmente de qualquer lugar no planeta acessando uma complexa rede celestial de satélites. O vice-presidente, Al Gore, ajudou a lançar o produto da Iridium, fazendo a primeira ligação — para o neto de Alexander Graham Bell. A Iridium era amplamente financiada e gerida pela Motorola, uma das empresas de microeletrônicos e comunicação mais conceituada do mundo.

Os executivos da empresa e os analistas de Wall Street projetaram com igual confiança que a Iridium revolucionaria as comunicações móveis, atraindo milhões de usuários. A equipe da Iridium havia realizado uma extensa pesquisa para avaliar o mercado — e estava lá. Eles tinham desafiado as probabilidades e conseguido convencer os governos ao redor do mundo a alocar espectro para os sinais de que os satélites precisavam.

Usuários tradicionais de telefones celulares tradicionais conectados uns aos outros, com base em torres para retransmitir os sinais de um para o outro. Não foi sempre confiável. Se não houvesse uma torre em um local essencial que pudesse retransmitir a chamada, o sistema derrubaria a chamada. Em vez disso, a estratégia da Iridium seria enviar cada chamada de um cliente para um satélite, que, por sua vez, enviaria a chamada de volta à terra, ao destinatário pretendido. Se o cliente estivesse no outro lado da terra, o satélite enviaria o sinal para outro satélite, que estava posicionado para enviar a chamada para o receptor. Isso significa que você poderia ligar para alguém de quase qualquer lugar no planeta.

E quem não iria querer ter a possibilidade de ligar para o pai em Baltimore, quando estiver, triunfante, no topo do Monte Everest?

A Iridium teve acesso a alguns conhecimentos de primeira classe e havia superado alguns obstáculos aparentemente intransponíveis. Mas havia algumas falhas fundamentais na estratégia da Iridium. A simples aplicação da pergunta "que suposições precisam se confirmar?" ao funcionamento do modelo financeiro da Iridium traria à tona esses problemas. Um deles era que os clientes precisavam se sentir confortáveis carregando um aparelho de telefone em uma pasta, não no bolso ou bolsa, porque o aparelho da empresa pesava um quilo. Esse peso se devia à grande bateria de que o aparelho precisava para enviar o sinal a um satélite, e não a uma torre local. Uma suposição adicional que precisava ser verdadeira era que, embora o sinal do topo do Everest para o próximo satélite tinha a probabilidade de ser claro, o pai precisava estar em local aberto em Baltimore para receber ligação de sua filha — não poderia haver um teto criando interferência entre o pai e o satélite e assim por diante.

Mas depois de 6 bilhões de dólares em investimentos e menos de um ano depois que a primeira ligação foi feita, a empresa foi forçada a admitir a derrota e declarar falência. A Iridium permaneceu em falência por uma década, e os investidores perderam tudo. Após a travessia do caminho sinuoso do pedido de falência, a empresa foi vendida a um novo grupo de investidores por 25 milhões de dólares — um preço extremamente baixo.

Por que os executivos da Motorola e seus coinvestidores investiram tanto capital num empreendimento tão arriscado? A teoria que chamamos de "má moeda e boa moeda" oferece uma resposta.

A Teoria da Má Moeda e da Boa Moeda

Em um nível básico, os investidores têm dois objetivos quando investem seu dinheiro em uma empresa: crescimento e lucratividade. Nenhuma das duas opções é fácil. O professor

Amar Bhide mostrou em seu livro *Origin and Evolution of New Business* que 93% de todas as empresas que, em última instância, se tornam bem-sucedidas tiveram que abandonar sua estratégia original, porque o plano original não era viável. Em outras palavras, as empresas bem-sucedidas não alcançam o sucesso porque têm a estratégia certa, no início, mas sim porque têm o dinheiro que sobrou depois que a estratégia inicial não deu certo, para que possam acertar o passo e tentar outra abordagem. A maioria das pessoas que fracassam, por outro lado, gastam todo o dinheiro em sua estratégia original, o que normalmente é errado.

A teoria da má moeda e da boa moeda coloca, essencialmente, o trabalho de Bhide numa afirmação simples. Quando a estratégia vencedora ainda não está clara nas etapas iniciais de um novo negócio, a boa moeda dos investidores precisa ser *paciente* para o crescimento, mas *impaciente* para o lucro. Ela exige que a nova empresa descubra a estratégia viável o mais rápido possível e com o menor investimento possível, para que os empresários não gastem muito dinheiro perseguindo uma estratégia errada. Dado que 93% das empresas que acabaram obtendo sucesso tiveram que mudar sua estratégia inicial, qualquer capital que exija que a empresa cresça muito e rapidamente derrubará, quase sempre, a empresa de um penhasco. Uma grande empresa gastará o dinheiro muito mais rápido, e é muito mais difícil mudar uma de grande porte do que uma de pequeno porte. A Motorola aprendeu essa lição com a Iridium.

É por isso que a moeda que busca o crescimento antes dos lucros é uma má moeda.

Mas a razão pela qual os dois tipos de moedas aparecem no nome da teoria é que, uma vez que uma estratégia viável for encontrada, os investidores precisarão mudar o que procuram — eles devem ficar *impacientes* para o crescimento e *pacientes* para o lucro. Assim que uma maneira rentável e viável for descoberta, o sucesso dependerá agora de melhorar esse modelo.

Plantar Mudas Quando Decidir que Precisa de Sombra

Alguns dos ofensores mais frequentes que não obedecem a essa teoria são os grandes investidores e empresas de sucesso já existentes que procuram investir em novos negócios em crescimento. A forma como isso acontece é por meio de um previsível e simples processo de três etapas, conforme articulado por Matthew Olson e Derek van Bever em *Stall Points*.

O primeiro passo é que, porque a probabilidade de o plano inicial não ser viável é muito alta, o investidor precisa aplicar seu dinheiro na próxima onda de crescimento, mesmo quando o negócio original é forte e crescente, para dar à nova iniciativa tempo para descobrir uma estratégia viável. Apesar disso, o proprietário do capital adia o investimento, porque hoje parece injustificado, dada a força da atividade principal da empresa e seu apetite incessante por mais investimentos de capital e capacidade executiva. Lide com o amanhã.

No passo seguinte, o amanhã vira o presente. A atividade principal e original amadurece e para de crescer. O proprietário do capital percebe, de repente, que deveria ter investido vários anos antes na próxima empresa em crescimento e lucrativa, para que, quando a atividade principal parasse, o próximo motor de crescimento e lucro já estivesse dominando como o motor de crescimento e lucro. Em vez disso, o motor simplesmente não está presente.

Terceiro, o proprietário do capital exige que a empresa em que ele investir deverá se tornar muito grande, muito rápido. Para que um empreendimento que gera 40 milhões de dólares em negócios cresça a uma taxa anual de 25%, você terá que encontrar 10 milhões de dólares de um novo crescimento no próximo ano. Mas se um empreendimento cresceu e se tornou um negócio de 40 *bilhões* dólares e quer crescer 25% no próximo ano, você terá que encontrar 10 *bilhões* de dólares em novos negócios. O dinheiro apostado, e pressão, ficam enormes. Para fazê-las crescer mais rápido, os acionistas aplicam muito capital nessas iniciativas. Mas, muitas vezes, esse capital abundante dá combustível aos empresários, permitindo que eles adotem de forma imprudente a estratégia errada, agressivamente. Como essas empresas novas vão a toda velocidade na direção do precipício, os analistas criam histórias singulares para cada fracasso.

Essa teoria explica como e por que a Honda conseguiu obter sucesso no seu ataque à indústria de motos dos EUA, ao passo que a Motorola fracassou com Iridium. Ironicamente, a Honda obteve êxito porque a empresa tinha limitações financeiras grandes no começo que foi forçada a ser paciente quanto ao crescimento, ao mesmo tempo em que descobriu seu modelo de lucros. Se a Honda tivesse mais recursos para investir em suas operações nos EUA, poderia ter estado disposta a investir dinheiro na continuação da estratégia de motos grandes, embora fosse pouco provável que ela desse algum lucro. Como investimento, essa estratégia teria sido uma *má moeda*. Em vez disso, a Honda quase não teve escolha senão se concentrar na Super Cub, porque, para sobreviver, a empresa *precisava* do dinheiro que a pequena moto estava gerando. Essa foi uma parte importante por que a Honda acabou obtendo sucesso nos Estados Unidos: seu investimento foi forçado a executar a teoria.

A alternativa a essa abordagem é focar o oposto: investir para ver a empresa crescer rapidamente e descobrir como ser rentável no final. Isso foi o que a Motorola fez com a Iridium. A história está repleta de empresas falidas que tentaram seguir esse caminho; é quase sempre um atalho ineficaz para o sucesso.

Por causa do mecanismo causal descrito na teoria da boa moeda e má moeda, para a maioria das empresas haverá um dia de ajuste, um dia quando a atividade principal da empresa fracassa ou para de crescer, e são necessárias novas fontes de receitas e lucros, o mais rápido possível. Se uma empresa ignorou fazer investimento em novos negócios, quando *precisar* dessas novas fontes de receitas e lucros já poderá ser tarde demais. É como plantar mudas quando você decidir que precisa de mais sombra. É simplesmente impossível que essas árvores cresçam o suficiente para gerar sombra do dia para a noite. Leva anos de paciente cuidado para ter a possibilidade de as árvores crescerem e ficarem altas o suficiente para dar sombra.

Investir na Felicidade Futura

Pode ser muito fácil utilizar uma abordagem de má moeda como padrão em nossas vidas, também. Muitos de nós somos enriquecidos pela intensidade de um trabalho difícil e exigente, no qual acreditamos e do qual desfrutamos. Gostamos de provar o que podemos fazer sob pressão. Nossos projetos, nossos clientes e nossos colegas nos desafiam. Investimos nós mesmos no trabalho. Mas para conseguir tudo isso, começamos a pensar no nosso emprego como algo que requer nossa atenção, e é exatamente o que damos a ele.

Entramos em contato com a empresa para trabalhar de pontos remotos quando estamos em férias. Na verdade, nunca podemos desfrutar de todos os dias de férias que temos, há simplesmente muita coisa a ser feita. O trabalho se torna a nossa identidade. Levamos os smartphones para onde quer que vamos, verificando se há notícias constantemente, como se não estar conectado o tempo todo significasse que perderemos algo muito importante. Esperamos que as pessoas mais próximas aceitem que nossa agenda é simplesmente exigente demais para dedicarmos muito tempo a eles. Afinal, eles também querem que sejamos bem-sucedidos, certo? Acabamos esquecendo de responder e-mails dos amigos, de retornar as ligações deles e de nossa família; negligenciamos aniversários e outras datas que costumavam ser importantes para nós.

Infelizmente, as mesmas consequências que as empresas enfrentam por não investir no futuro se aplicam a nós também.

Embora a maioria de nós tenha uma estratégia deliberada de criar relações enraizadas e cheias de amor com os membros da nossa família e com os nossos amigos, na verdade, investimos em uma estratégia de vida a qual nunca aspiramos: ter amizades superficiais com muitos, mas não ter amizades profundas com ninguém; divorciar-se, às vezes, repetidamente, e ter filhos que se sentem distantes de nós dentro da nossa própria casa, ou que são criados por outro parente, por vezes, há milhares de quilômetros de distância.

E não podemos voltar no tempo.

Um dos meus vizinhos, a quem chamarei de Steve, me disse anos atrás que sempre quis ter seu negócio próprio. Ele teve muitas oportunidades de trabalhar e aprender com outras pessoas em sua profissão, e teve salários muito atraentes, também, mas nunca estava disposto a tocar seu sonho de ser seu próprio chefe. Criar a própria empresa significou longas horas no trabalho e aprender com erros relativamente simples. Mas seus amigos e familiares eram compreensivos, afinal, Steve não estava fazendo aquilo apenas porque era importante para ele. Ele estava fazendo aquilo para sustentar a própria família.

A escassez dos investimentos de Steve no tempo com sua família finalmente fizeram efeito. Assim que sua empresa finalmente decolou, seu casamento desmoronou. Quando ele precisou do apoio dos irmãos e dos amigos enquanto navegava pela dor do divórcio, se viu complemente sozinho. Ele obteve o retorno sobre um investimento que não havia feito. Ninguém o abandonou intencionalmente nos momentos de necessidade; é que ele havia negligenciado aquelas pessoas por tanto tempo que elas não se sentiam mais próximas dele e temiam que qualquer intervenção pudesse ser considerada uma intrusão.

Steve se mudou para um pequeno apartamento do outro lado da cidade. Ele tentou tornar o lugar agradável para seus dois filhos e duas filhas, quando eles o visitassem. Embora sempre tenha deixado essas coisas a cargo de sua mulher quando estava casado, ele se empenhou bastante para tentar criar novas coisas para fazer e formas de se divertir com os seus filhos. Mas aquela era uma batalha difícil. Quando os filhos entraram no ensino fundamental II, a ideia de passar todos os fins de semana com Steve durante os "períodos de visita" não era tão atraente para eles. Eles ficavam sem a companhia dos amigos e saíam de casa para ficar no apartamento espartano de Steve só para sair para jantar, trabalhar na empresa com ele, ou talvez ver um filme. Isso logo perdeu o charme. Logo quando Steve estava sentindo que precisava de tempo com seus filhos, eles começaram a optar, sempre que podiam, por não sair com o pai nos dias de visita.

Agora ele olha para trás, para todos esses anos, e deseja que suas prioridades tivessem sido diferentes, que ele tivesse investido naqueles relacionamentos antes que precisasse da ajuda deles.

Steve não é um caso isolado. Todos nós conhecemos pessoas como ele — e acho que, em algum nível, muitos de nós temem tornar-se uma pessoa como Steve no futuro. Há uma razão por que o filme *A Felicidade Não Se Compra* foi tão ressonante durante décadas: o que mais importa nas horas mais sombrias da vida de George Bailey são os muitos relacionamentos pessoais nos quais ele investiu ao longo do caminho. Ele reconhece, no final do filme, que, embora seja pobre, sua vida é rica em amizades. Nós todos queremos nos sentir como George Bailey, mas isso é simplesmente impossível se não tivermos feito nenhum investimento nos relacionamentos com amigos e familiares no decorrer de nossa vida.

Cada um de nós consegue indicar uma ou duas amizades que negligenciamos involuntariamente quando a vida ficou corrida. Você pode achar que os laços de sua amizade são fortes o suficiente para suportar tal negligência, mas isso é raramente verdade. Mesmo os amigos mais empenhados tentarão manter a amizade só até determinado ponto, antes de optarem por investir tempo, energia e amizade em outro lugar. Se o fizerem, a perda será sua.

Pessoas nos últimos anos de vida lamentam frequentemente que não mantiveram mais contato com amigos e parentes que, alguma vez, foram de grande importância para elas. A vida simplesmente parecia ficar no caminho. As consequências de deixar isso acontecer, todavia, podem ser enormes. Conheço muitas pessoas como Steve, que tiveram que passar por problema de saúde, divórcio ou perda de emprego sozinhas, sem ninguém para oferecer um ombro amigo ou outros meios de apoio.

Esse pode ser o local mais solitário do mundo.

O Risco de Sequenciar os Investimentos da Vida

Uma das versões mais comuns desse erro, cometida por jovens profissionais com alto potencial, é acreditar que os investimentos na vida podem ser sequenciados. A lógica é, por exemplo, "Eu posso investir na minha carreira durante os primeiros anos, quando nossos filhos são pequenos e os cuidados paternais não são tão essenciais. Quando eles ficarem um pouco mais velhos e começarem a se interessar por coisas de adultos, então posso tirar meu pé do acelerador da carreira. Será quando me dedicarei à minha família". Quer saber? A essa altura, o jogo já terá acabado. Um investimento em um filho precisaria ter sido feito muito antes disso, para dar a ele as ferramentas de que precisa para sobreviver aos desafios da vida — até mesmo mais cedo do que você imagina.

Há pesquisas significativas hoje que mostram a importância dos primeiros meses de vida no desenvolvimento da capacidade intelectual. Como relatado em nosso livro *Disrupting Class*, dois pesquisadores, Todd Risley e Betty Hart, estudaram os efeitos de como os pais conversam com um filho durante os primeiros dois anos e meio de vida. Depois de observar e registrar meticulosamente todas as interações entre pais e filhos, eles notaram que, em média, os pais falam 1.500 palavras por hora com os filhos quando bebês. Pais "tagarelas" (frequentemente aqueles com formação universitária) falavam, em média, 2.100 palavras para seus filhos. Por outro lado, pais com histórico menos verbal (e, muitas vezes, menos instruídos) falavam apenas 600 por hora, em média. E você pode acrescentar que, ao longo dos primeiros trinta meses, o filho dos pais "tagarelas" ouviu cerca de 48 milhões de palavras, em comparação com o filho desfavorecido, que ouviu apenas 13 milhões. A pesquisa sugere que o momento mais importante para que os filhos ouçam os pais falando é o primeiro ano de vida.

A pesquisa de Risley e Hart acompanhou o desenvolvimento dos filhos sujeitos da pesquisa até eles irem para a escola. O número de palavras faladas por um filho teve uma forte correlação entre o número de palavras que ele ouviu em seus primeiros trinta meses e seu desempenho em testes de vocabulário e de compreensão de leitura conforme ele envelheceu.

E não importava que os pais dissessem qualquer coisa aos filhos — a maneira como o pai falava com o filho teve um efeito significativo. Os pesquisadores observaram dois tipos diferentes de conversas entre pais e bebês. Um tipo que eles batizaram de "linguagem de negócios", como "Hora de cochilar", "Vamos passear" e "Termine o seu leite". Essas conversas eram simples e diretas, não ricas e complexas. Risley e Hart concluíram que esses tipos de conversa tiveram efeito limitado no desenvolvimento cognitivo.

Em contraste, quando os pais conversaram cara a cara com seus filhos, falando em uma linguagem totalmente adulta, sofisticada, como se a criança fosse parte de uma conversa de gente adulta, o impacto no desenvolvimento cognitivo foi enorme. Elas chamaram essas interações mais ricas de "dança da linguagem". A dança da linguagem é ser tagarela, pensar em voz alta, e comentar o que o filho está fazendo e que o pai está fazendo ou planejando fazer. "Você quer vestir a camisa azul ou a camisa vermelha hoje?", "Você acha que vai chover hoje?", "Você se lembra da vez em que coloquei a garrafa no forno por engano?" e assim por diante. A dança da linguagem envolve conversar com o filho sobre "e se", "você se lembra" e "não seria legal se" — perguntas que convidam a criança a pensar profundamente sobre o que está acontecendo ao seu redor. E isso tem um efeito profundo muito antes que um pai realmente possa esperar que um filho entenda o que ele está perguntando.

Em suma, quando um pai se engaja em mais conversa, muitos, muitos dos caminhos sinápticos no cérebro da criança são exercitados e refinados. As sinapses são as junções no cérebro, onde um sinal é transmitido de uma célula nervosa para outra. Em termos simples, quanto mais caminhos são criados entre as sinapses no cérebro, mais eficientemente são formadas as conexões. Isso torna os padrões subsequentes de pensamento mais fáceis e rápidos.

Isso é importante. Uma criança que ouviu 48 milhões de palavras nos primeiros três anos não terá apenas 3,7 vezes mais conexões bem lubrificadas em seu cérebro que uma criança que ouviu apenas 13 milhões de palavras. O efeito sobre as células do cérebro é exponencial. Cada célula cerebral pode estar ligada a centenas de outras células por até 10 mil sinapses. Isso significa que os filhos que foram expostos a mais conversas têm uma vantagem cognitiva quase incalculável.

Além disso, a pesquisa de Risley e Hart sugere que a "dança da linguagem" é essencial para que essa vantagem cognitiva, não para renda, etnia ou educação dos pais. "Em outras palavras, alguns trabalhadores de baixa renda conversaram muito com seus filhos e estes se saíram muito bem na vida. Alguns empresários ricos conversaram muito pouco com seus filhos e este se saíram muito mal... Toda essa variação nos resultados foi estudada pela quantidade de conversas, na família, com os bebês com menos de três anos de idade", resumiu Risley e Harts. Uma criança que entra na escola com um vocabulário forte e fortes habilidades cognitivas está propensa a se dar bem na escola cedo e continuar fazendo tudo certo a longo prazo.

É intrigante pensar que um investimento tão pequeno tem o potencial para retornos tão grandes. Ainda assim, muitos pais pensam que podem começar a focar no desempenho acadêmico de seus filhos quando eles atingem a idade de ir para a escola. Mas, nessa idade, eles perderam uma enorme oportunidade de dar ao filho uma vantagem.

Essa é apenas uma das muitas maneiras em que os investimentos nos relacionamentos com amigos e familiares precisam ser feitos muito, muito tempo antes de você ver qualquer sinal de resultado.

Se você adiar o investimento do seu tempo e energia até vir e decidir que precisa fazê-lo, é provável que seja tarde demais.

Mas, quando sua carreira estiver decolando, você se sentirá tentado a fazer exatamente isso: assumir que pode adiar o investimento nos relacionamentos pessoais. Você não pode. A única maneira de ter relacionamentos que gerem frutos em sua vida é investir muito antes de precisar deles.

~

Acredito sinceramente que as relações com familiares e amigos íntimos são uma das maiores fontes de felicidade da vida. Parece simples, mas, como qualquer investimento importante, essas relações precisam de atenção e cuidados constantes. Mas há duas forças que estarão constantemente trabalhando contra isso. Primeiro, você se sentirá rotineiramente tentado a investir seus recursos em outros lugares, em coisas que irão lhe proporcionar um retorno mais imediato. E, segundo, sua família e amigos raramente gritam mais alto para exigir sua atenção. Eles amam você e querem apoiar a sua carreira, também. Isso pode somar-se ao fato de você negligenciar as pessoas de que mais gosta no mundo. A teoria da boa moeda e da má moeda explica que as horas do relógio que marcam a construção de um relacionamento pleno estão passando desde o início. Se você não cultivar e desenvolver essas relações, essas pessoas não estarão lá para apoiá-lo quando você se vir trilhando alguns dos trechos mais difíceis de sua vida, ou como uma das fontes de felicidade mais importantes em sua vida.

CAPÍTULO SEIS

Por Que "Contratar" Aquele Milk Shake?

Muitos produtos não dão certo porque as empresas os desenvolvem do ponto de vista errado. Elas focam muito no que querem vender aos seus clientes, em vez de no que os clientes realmente precisam. O que está faltando é a empatia: um profundo entendimento sobre quais problemas os clientes estão tentando resolver. O mesmo se aplica aos nossos relacionamentos: iniciamos um relacionamento pensando sobre no que queremos, em vez de pensar no que é importante para a outra pessoa. Mudar a perspectiva é uma forma poderosa de aprofundar relacionamentos.

~

Fazer o Trabalho Certo

Quase todas as pessoas já ouviram falar do desconto da loja de móveis IKEA. Tem sido um sucesso total: a empresa sueca vem instalando suas lojas no mundo inteiro durante os últimos quarenta anos e seu faturamento global excede os 25 bilhões de euros. O proprietário da empresa, Ingvar Kamprad, é uma das pessoas mais ricas do mundo. Nada mau para uma cadeia que vende móveis baratos que você mesmo tem que montar.

É fascinante que em quarenta anos, *ninguém* copiou a IKEA. Pense nisso por um momento. Eis um negócio que tem sido imensamente lucrativo por décadas. A IKEA não guarda nenhum incrível segredo de negócios, qualquer aspirante a concorrente pode entrar nas lojas, fazer engenharia reversa de seus produtos, ou copiar seu catálogo... e, mesmo assim, ninguém o fez.

Por que isso?

Todo o modelo de negócios da IKEA (a experiência com compras, o layout da loja, o design dos produtos e a forma como eles são embalados) é muito diferente da loja padrão de móveis. A maioria dos varejistas está criada em torno de um segmento de clientes, ou um tipo de produto. A base de clientes pode então ser dividida de acordo com um alvo demográfico, como, por exemplo, sexo, idade, educação, ou nível de renda. No varejo de móveis, ao longo dos anos houve lojas como a Levitz Furniture, conhecida pela venda de móveis de baixo custo para pessoas de baixa renda, ou a Ethan Allen, que ficou famosa por vender móveis no estilo colonial para pessoas ricas. E há uma série de outros exemplos: lojas criadas em torno de móveis modernos para a população urbana, lojas especializadas em móveis para empresas e assim por diante.

A IKEA optou por uma abordagem totalmente diferente. Em vez de se organizar em torno da caracterização de determinados clientes ou produtos, a IKEA se estruturou em torno do trabalho que os clientes periodicamente precisam fazer.

Um trabalho?

Pela minha pesquisa sobre inovação nas últimas duas décadas, eu e meus colegas desenvolvemos uma teoria sobre essa abordagem de marketing e desenvolvimento de produtos, que chamamos de "o trabalho que precisa ser feito". A visão por trás desse modo de pensar é que o que nos *faz* comprar um produto ou serviço é que, na verdade, contratamos produtos para que eles façam o trabalho por nós.

O que quero dizer com isso? Não vivemos em conformidade com determinados segmentos demográficos: um homem não compra um produto porque ele tem entre 18 e 35 anos, é branco e está obtendo um diploma universitário. Isso pode estar *correlacionado* com a decisão de comprar esse produto em detrimento de um outro, mas não nos *faz* comprar qualquer coisa. Em vez disso, descobrimos, periodicamente, que surgiu em nossa vida algum trabalho que precisamos fazer e, por isso, precisamos encontrar alguma forma de fazê-lo. Se uma empresa desenvolveu um produto ou serviço para fazer bem esse trabalho, nós o compramos, ou o "alugamos", para que o trabalho seja feito. Porém, se não houver nenhum produto no mercado que faça esse trabalho direito, normalmente fazemos algo que estamos acostumados a fazer, executar o trabalho o melhor que pudermos, ou improvisar, criar uma ação paliativa. O mecanismo que nos *faz* comprar um produto é: "Eu tenho um trabalho que precisa ser feito e isso vai me ajudar a fazê-lo".

Meu filho Michael, contratou recentemente a IKEA para fazer um trabalho que surgiu na vida dele, o que me ajudou a entender o porquê do sucesso da empresa. Ele estava começando a trabalhar para um novo empregador, em uma cidade nova, depois de ter vivido durante vários anos somente com bolsa de estudante, e me ligou para contar um problema: "Pai, estou indo para meu apartamento amanhã e preciso mobiliá-lo".

Naquele momento, um único nome nos ocorreu, simultaneamente: IKEA.

A IKEA não focaliza a venda de um determinado tipo de móvel para um grupo específico de consumidores, definido demograficamente. Em vez disso, focaliza em um trabalho com o qual muitos consumidores se deparam quando mudam, sozinhos ou com sua família, para novos lugares: *preciso desse local mobiliado até amanhã, porque depois de amanhã eu tenho que ir trabalhar*. Os concorrentes podem copiar os produtos da IKEA. Os concorrentes podem ainda copiar o layout da IKEA. Mas o que ninguém fez até agora foi copiar a forma como a IKEA integrou seus produtos e seu layout.

Essa combinação inteligente e ponderada permite ao consumidor ter tudo feito rapidamente e de uma única vez. Pode parecer absurdo ter lojas a meia-hora de distância, mas essa decisão, na verdade, facilita muito que as pessoas obtenham tudo o que precisam em uma viagem. Isso permite à IKEA construir uma loja grande para garantir que sempre haja móvel em estoque. A loja tem espaço para construir uma área de entretenimento supervisionado para manter as crianças ocupadas — que é bastante importante, já que ter uma criança puxando a manga da sua blusa pode fazê-lo esquecer algo ou tomar uma decisão precipitada. No caso de ficar com fome, a IKEA tem um restaurante no prédio para que você não precise sair. Seus produtos são todos acondicionados de uma forma que possibilita que você leve-os para casa rápida e facilmente no seu próprio carro. Caso você compre uma quantidade de produtos que não caiba no seu carro, a IKEA possui serviço de entrega no mesmo dia. E assim por diante.

Na verdade, porque a IKEA faz um trabalho tão bom, muitos de seus clientes criaram uma profunda lealdade por seus produtos. Meu filho Michael, por exemplo, é um dos clientes mais entusiásticos da IKEA porque sempre que precisa mobiliar um apartamento novo ou uma sala nova, ele aprendeu que a IKEA faz o trabalho perfeitamente. Sempre que amigos ou familiares precisam fazer esse mesmo trabalho, Michael citará o capítulo e versículo sobre o porquê a IKEA faz o trabalho melhor do que ninguém.

Quando uma empresa entende os trabalhos e tarefas que surgem na vida das pessoas e, em seguida, desenvolve produtos e tem a experiência de acompanhamento necessária na compra e uso do produto para que aquele trabalho seja feito perfeitamente, ela faz que os clientes "insiram" instintivamente o produto em sua vida sempre que o trabalho surge. Mas quando uma empresa simplesmente cria um produto que outras empresas também podem criar — e é um produto que pode fazer muitos trabalhos, mas nenhum deles bem feito —, ela descobrirá que os clientes são raramente leais a um produto em relação a outro. Eles vão mudar num piscar de olhos quando uma nova alternativa estiver em promoção.

Mais Barato? Com Mais Chocolate? Mais Encorpado?

A teoria do trabalho a ser feito começou a crescer em um projeto no qual eu trabalhei com alguns amigos para um dos grandes restaurantes de fast-food A empresa estava tentando elevar as vendas de milk shake. A empresa passou meses estudando o assunto. Eles entrevistaram os clientes que se encaixavam no perfil mais completo do consumidor de milk shake e fizeram perguntas como "Você pode nos dizer como podemos melhorar o nosso milk shake para que você o compre com maior frequência? Você quer com mais chocolate? Mais barato? Mais encorpado?". A empresa ouviria e registraria todos os comentários e, então, melhoraria o milk shake de acordo com o que foi dito. Eles trabalharam e trabalharam para melhorar o milk shake, mas essas melhorias não tiveram impacto algum sobre as vendas ou sobre os lucros. A empresa ficou perplexa com aquilo.

O meu colega Bob Moesta ofereceu uma perspectiva completamente diferente para o problema do milk shake: "Eu me pergunto que tipo de trabalho surge na vida das pessoas que as fazem vir a este restaurante e 'contratar' um milk shake?".

Aquele era uma forma interessante de pensar no problema. Então, eles passaram horas a fio no restaurante obtendo dados bastante específicos: a hora em que as pessoas compraram os milk shakes? O que estavam vestindo? Estavam sozinhas? Compraram outro produto junto com o milk shake? Elas comeram no restaurante ou pediram para viagem?

Surpreendentemente, descobriu-se que quase metade dos milk shakes era vendida no início da manhã. As pessoas que compravam o produto pela manhã estavam quase sempre sozinhas, só compravam aquele produto, e quase todas elas pediam para viagem.

Para descobrir para quê essas pessoas estavam "contratando" o milk shake, retornamos em outra manhã e ficamos do lado de fora do restaurante para que pudéssemos perguntar diretamente a elas assim que saíam do restaurante, com o milk shakes na mão. Conforme elas iam surgindo, e numa linguagem que pudessem entender, perguntamos essencialmente a cada uma delas: "Desculpe-me. Você pode me ajudar a entender que tipo de negócio está tentando fazer ao comprar esse milk shake?". Quando eles sentiam dificuldade em responder a pergunta, nós os ajudávamos perguntando: "Bem, pense sobre a última vez que esteve na mesma situação, precisando fazer o mesmo trabalho, mas você não veio aqui para contratar esse milk shake. O que você contratou?". As respostas foram esclarecedoras: bananas, donuts, bagels[1], barras de chocolate. Mas o milk shake era claramente o favorito.

Ao juntarmos todas as respostas, ficou claro que todos os clientes matinais tinham o mesmo trabalho a ser feito: tinham um caminho longo e chato até o trabalho. Eles precisavam de algo para fazer enquanto estavam dirigindo para manter o trajeto interessante. Eles ainda não estavam com muita fome, mas sabiam que em duas horas presenciariam aquele ronco estomacal do meio da manhã. "O que mais posso contratar para fazer esse trabalho?" uma cliente pensou alto. "Eu contrato bananas às vezes. Mas acredite em mim: não faça isso. Elas acabam muito rápido e você estará com fome novamente no meio da manhã". Algumas pessoas reclamaram que donuts esfarelavam demais e deixavam as mãos grudando, sujando as roupas e o volante enquanto tentavam comer e dirigir. Uma queixa comum sobre a contratação de bagels para esse trabalho era que eles estavam secos e sem gosto, forçando as pessoas a dirigir o carro com os joelhos enquanto espalhavam o creme de queijo e a geleia sobre os bagels. Outra pessoa indo ao trabalho usou a nossa linguagem e confessou: "Uma vez, eu contratei uma barra de Snickers. Mas me senti tão culpada por comer doces no café da manhã que nunca mais fiz isso".

Mas um milk shake? A melhor opção. Leva-se muito tempo para terminar um milk shake espesso com aquele canudo fino. E é um produto encorpado e com sustância para afastar aquele ataque iminente de fome que ocorre no meio da manhã. Um cliente falou efusivamente: "Este milk shake é tão encorpado! Eu levo, facilmente, vinte minutos para terminar de tomá-lo com aquele canudo pequeno. Quem se importa com os ingre-

1 Bagel: pão e forma de anel, muito popular nos Estados Unidos

dientes — eu não me importo. Tudo o que sei é que fico cheio a manhã toda. E ele se encaixa perfeitamente no meu porta-copo" (enquanto levantava a mão vazia).

Acontece que o milk shake faz o trabalho melhor do que qualquer um dos concorrentes, que, na mente dos clientes, não são apenas milk shakes de outras cadeias, mas bananas, bagels, donuts, barras de ceral, smoothies, café e assim por diante.

Essa foi uma visão inovadora para a cadeia de fast-food, mas os avanços ainda não tinham acabado. Descobrimos que, à tarde e à noite, o mesmo produto era contratado para um trabalho fundamentalmente diferente. Em vez de pessoas que levavam longas horas até o trabalho, as pessoas que vinham comprar milk shakes à tarde e à noite eram tipicamente pais — pais que tiveram que dizer "não" a seus filhos com relação a um monte de coisas durante toda a semana. Nenhum brinquedo novo. Não, não podem ficar acordados até tarde. Não, não podem ter um cachorro.

Eu reconheci que tinha sido um desses pais, mais vezes do que poderia me lembrar, e tive o mesmo trabalho a ser feito quando estava nessa situação. Estava procurando algo inócuo para o qual eu pudesse dizer "sim", com o objetivo de me fazer sentir um pai bondoso e amoroso. Então, estou lá na fila com meu filho e peço a minha refeição. Em seguida, meu filho, Spencer, faz o pedido dele, faz uma pausa para olhar para mim como somente um filho olha, e pergunta: "Pai, eu posso pedir um milk shake também?". E chegou o momento quando eu pude dizer "sim" ao meu filho e me sentir bem comigo mesmo. Eu abaixei, coloquei minha mão sobre o ombro dele e disse: "Claro, Spence, você pode pedir um milk shake".

Acabei descobrindo que os milk shakes não fazem esse trabalho específico tão bem assim. Quando observamos aquelas mesas com pais e filhos, os pais, como eu, terminavam a refeição primeiro. Os filhos terminaravam somente depois. E, em seguida, os filhos ainda pegariam o milk shake, que levaria uma eternidade para acabar com aquele canudo tão fino.

Os pais não contratam o milk shake para manter seus filhos entretidos por um longo tempo, eles o fazem para serem legais. Eles esperam pacientemente enquanto o filho se esforça para sugar o milk shake. Mas, depois de um tempo, eles ficam impacientes. "Olha, filho, me desculpe, mas não temos a noite toda...". Eles limpam a mesa e o milk shake vai parar na lixeira pela metade.

Se a nossa cadeia de fast-food me perguntasse: "Bem, Clay... como podemos melhorar o milk shake para que você compre mais? Encorpar mais? Adoçar mais? Torná-lo maior?". Eu não saberia o que dizer, porque eu contrato o produto para dois trabalhos fundamentalmente diferentes. Então, quando eles fizessem a média das respostas do segmento demográfico essencial de 45 a 65 anos que possui maior propensão a comprar milk shakes, eu os orientaria a desenvolver um produto que não serve para todas as pessoas e que não faz nenhum dos trabalhos direito.

Por outro lado, se você entender que há duas funções diferentes para os quais o milk shake está sendo contratado, torna-se óbvio como melhorá-lo. O trabalho da manhã precisa de um milk shake mais encorpado, que demora ainda mais para ser sugado. Você pode adicionar pedaços de fruta, mas não para torná-lo saudável, porque não é a razão pela qual está sendo contratado. Ele está sendo contratado por clientes matinais que querem manter interessante o trajeto até o trabalho. Os pedaços inesperados de frutas fariam exatamente isso. E, finalmente, você tiraria a dispensadora de frutas de trás do balcão e a colocaria bem na frente, e instalaria uma máquina de cartão pré-pago, para que os clientes pudessem chegar, pegar e sair — e nunca pegar fila.

O trabalho de me fazer sentir um bom pai do período da tarde é fundamentalmente diferente. Talvez o milk shake da tarde deva ser vendido em tamanho médio, ser menos encorpados para que eles possam ser consumidos mais rapidamente e assim por diante.

Não há uma resposta certa para todas as circunstâncias. Você tem que começar compreendendo o trabalho que o cliente precisa que seja feito.

A Função de Manter Mamãe e Papai Felizes

Há pouco tempo, um inventor abordou uma empresa de New Hampshire chamada Big Idea Group (BIG) com uma ideia para um jogo de cartas que ele havia criado. O presidente-executivo da BIG, Mike Callins, não achou que o jogo venderia. Mas, em vez de dispensar o inventor, ele perguntou: "O que o levou a criar esse jogo?". Em vez de justificar a criação, a resposta do inventor identificou um problema que surgiu várias vezes em sua vida: "Tenho três filhos e um trabalho que exige muito de mim. Quando eu chego em casa do trabalho e terminamos o jantar já são oito horas da noite e meus filhos precisam ir para a cama. Mas não tivemos nenhum divertimento juntos. O que fazer? Jogar Banco Imobiliário ou Batalha Naval? Preciso de alguns jogos que possam ser arrumados, jogados e guardados em quinze minutos".

Aha! Essa função aparece na vida desse homem pelo menos cinco dias por semana.

Embora Collins tenha sentido que o jogo do pai era medíocre, a ideia valiosa era o trabalho em si. Milhões de pais ocupados pensam a mesma coisa todas as noites. A identificação do trabalho que o inventor estava tentando fazer levou à criação de uma linha de jogos bem-sucedida chamada "Jogos de 12 Minutos". Foi somente pela convivência com um problema real que o pai teve a ideia de criar uma linha de jogos que fazem um trabalho importante para milhões de pessoas.

Cada produto ou serviço de sucesso, explícita ou implicitamente, foi estruturado em torno de um trabalho a ser feito. Fazer um trabalho é o mecanismo causal por trás de uma compra. Se alguém desenvolve um produto que é interessante, mas que não aparece intuitivamente na mente dos clientes num trabalho que eles estão tentando fazer, esse produto vai lutar para atingir o sucesso, a menos que ele seja adaptado e reposicionado para fazer outro trabalho importante.

Os fabricantes de suco de vegetais V8 usaram essa teoria do trabalho para fazer a empresa crescer de uma forma impressionante, como contado por um de seus executivos que participou de um dos nossos programas de educação executiva, cerca de quatro anos atrás. Durante anos, a campanha publicitária da V8, um suco que promete os nutrientes de oito legumes diferentes, usou o refrão: "Poxa, eu podia ter tomado um V8!". Ele era vendido como uma alternativa para bebidas como sucos de maçã, refrigerantes, Gatorade e assim por diante. Mas apenas alguns clientes realmente preferiam o V8, quando comparado com esses outros produtos.

Após lerem um dos artigos que meus colegas e eu havíamos escrito sobre as virtudes da definição de produtos e segmentos de mercado em termos de trabalhos que precisam ser feitos, eles perceberam que havia um outro trabalho na parte do mundo em que eles viviam, no qual o V8 estava melhor equipado para enfrentar uma competição: fornecer nutrientes vegetais. A maioria das pessoas prometeram às mães, quando saíram de casa que iam comer vegetais para ficarem saudáveis. Mas a contratação de legumes frescos para fazer o trabalho implica descascar, cortar, arrumar e triturar e, em seguida, cozer, assar ou preparar os vegetais, tudo para poder comer um alimento que a maioria das pessoas não gosta.

"Ou", lembrou o executivo, "os clientes poderiam dizer: 'Eu posso beber um V8 e ingerir todos os nutrientes que prometi à minha mãe que comeria, mas com uma fração do tempo e do esforço!'". Uma vez que o fabricantes do V8 percebeu isso, a campanha publicitária foi alterada para focalizar em como a bebida proporcionava a porção de vegetal diária necessária para as pessoas. O executivo contou que o V8 quadruplicou seu faturamento dentro de um ano a partir da decisão de posicioná-lo em uma categoria diferente, que permitiu que o produto competisse contra seus concorrentes inconveniente: os legumes.

Contratar uma Escola para o Trabalho

Sem perceber, usamos essa mentalidade do trabalho a ser feito em nossas interações com as pessoas o tempo todo. Para ilustrar, vou resumir um estudo que fizemos para entender por que as escolas norte-americanas lutam para melhorar — um estudo que culminou no livro *Disrupting Class*. Uma das principais incógnitas da pesquisa era por que muitos alunos pareciam desmotivados para aprender. Inserimos tecnologia, educação especial, diversões, viagens de campo, e muitas outras melhorias na maneira como ensinamos, e pouca coisa parece fazer a diferença.

O que está acontecendo? A resposta está na compreensão do trabalho que surge na vida dos alunos para o qual a escola é contratada para resolver.

A conclusão a que chegamos foi a de que ir à escola não é um trabalho que os filhos estão tentando cumprir. É algo que um filho pode contratar para fazer o trabalho, mas não é o trabalho em si. Os dois trabalhos fundamentais que os filhos precisam cumprir é sentirem-se bem-sucedidos e terem amigos. Certamente, eles podem contratar a escola para cumprir esse trabalho. Alguns alcançam o sucesso e fazem amigos na sala de aula, na banda, no clube de matemática, ou no time de futebol. Mas, para se sentirem bem-sucedidos e terem amigos, eles também poderiam abandonar a escola e entrar para uma gangue, ou comprar um carro e sair por aí viajando. Visto da perspectiva de trabalho, fica muito claro que as escolas não costumam fazer esses trabalhos perfeitamente; na verdade, as escolas, muitas vezes, estão estruturadas para ajudar a maioria dos alunos a se sentir fracassados. Havíamos assumido que aqueles bem-sucedidos na escola o são porque estão motivados. Mas concluímos que todos os alunos são igualmente motivados — a obter sucesso. O problema é que apenas uma fração dos alunos se sente bem-sucedida por meio da escola.

De fato, aprendemos que, assim como o restaurante *fast-food* havia melhorado o milk shake em dimensões de melhoria irrelevantes para os trabalhos que os clientes estavam tentando fazer, as escolas foram se aprimorando em dimensões de melhoria irrelevantes para o trabalho que os alunos estão tentando fazer. É impossível motivar os filhos a se empenharem mais em sala de aula, *convencendo*-os de que eles *devem* fazê-lo. Em vez disso, precisamos oferecer a eles experiências no ambiente escolar que os ajudem a fazer esses trabalhos, ou seja, a sentirem-se bem-sucedidos e a fazer amigos.

As escolas que montaram o currículo para que os alunos sintam-se bem-sucedidos todos os dias veem os índices de abandono e absenteísmo caírem para quase zero. Quando estruturados para fazer o trabalho de alcançar o sucesso, os alunos dominam vigorosamente matérias difíceis, porque ao fazer isso, eles estão fazendo o trabalho.

Para Qual Trabalho Você Está Sendo Contratado?

Se você se empenhar para entender o trabalho para o qual está sendo contratado, tanto profissionalmente como pessoalmente, a recompensa será enorme. Na verdade, é aqui que essa teoria rende os melhores frutos e ideias, simplesmente porque um dos trabalhos mais importantes para o qual você será contratado será para ser um cônjuge. Entender esse trabalho, creio eu, é fundamental para sustentar um casamento feliz.

Assim como aprendemos em nossa pesquisa acerca dos trabalhos que os alunos da escola estão tentando fazer, descreverei nas páginas seguintes como esse enquadramento pode impactar nosso casamento e relacionamentos. Para ser breve, eu coloquei a primeira pessoa com pronome e adjetivo masculinos, e usei palavras femininas para o cônjuge. Mas eles podem ser trocados sem alterar em nada o significado, os conceitos se aplicam igualmente a todos.

Como aqueles compradores de milk shake, você e sua esposa não podem sempre articular quais são os trabalhos fundamentais que *cada um de vocês* estão tentando fazer pessoalmente, muito menos articular os trabalhos fundamentais que sua esposa tem, para o qual ela poderia contratar um marido para fazê-lo. Compreender o trabalho exige os ingredientes essenciais da intuição e da empatia. Você tem que ser capaz de se colocar não apenas na posição dela, mas também na forma como ela se sente e, de fato, na vida dela. Mais importante, os trabalhos que sua esposa está tentando fazer são, frequentemente, *muito* diferentes daqueles que você *acha* que ela devia querer fazer.

Ironicamente, é por esse motivo que muitos casamentos infelizes são frequentemente construídos na base do altruísmo. Mas o altruísmo é baseado nos parceiros doando, um ao outro, outras coisas que eles querem doar, e que decidiram que o parceiro deve querer, como em: "Amor, acredite, você vai amar esse telefone sem fio da Iridium!".

É fácil para qualquer um de nós fazer suposições sobre o que o nosso cônjuge pode querer, em vez de trabalhar arduamente para entender o trabalho que precisa ser feito na vida do nosso cônjuge. Permitam-me compartilhar um exemplo de Scott, um amigo, que tem três filhos menores de cinco anos de idade. Um dia, recentemente, Scott chegou em casa do trabalho e se deparou com uma cena bastante incomum, a louça do café da manhã ainda sobre a mesa e o jantar não estava sendo feito. Sua reação imediata foi a de que sua esposa, Barbara, tinha tido um dia difícil e precisava de uma ajuda. Sem uma palavra, ele arregaçou as mangas, lavou a louça do café da manhã e começou a fazer o jantar. No meio da noite, Barbara desapareceu. Mas Scott continuou fazendo o jantar para os filhos. Ele tinha acabado de começar a servir o jantar para os filhos quando, de repente, se perguntou onde Barbara estava. Cansado, mas com aquela sensação de bem-estar consigo próprio, ele subiu as escadas para tentar descobrir onde ela estava. Encontrou-a sozinha no quarto. Esperava receber algum agradecimento por tudo o que fez no fim de um dia exaustivo de trabalho. Mas, em vez disso, Barbara estava *irritadíssima* — com ele.

Ele ficou chocado. Tinha acabado de fazer tudo aquilo por *ela*. O que tinha feito de errado?

— Como você pôde me ignorar depois do dia tão difícil que eu tive? — Ela perguntou.

— Você acha que eu ignorei? — Scott respondeu. — Lavei a louça do café, limpei a cozinha, fiz o jantar e estou já na metade do jantar dos nossos filhos. Como, pelo amor de Deus, você pode pensar que eu a ignorei?

Só então ficou claro para Scott o que havia acontecido. Na verdade, o que ele fez era algo importante e que devia ser feito, e ele estava tentando ser altruísta em dar a Barbara exatamente o que *ele* achou que ela precisava. Barbara explicou, porém, que o dia não tinha sido difícil por causa das tarefas domésticas, mas porque ela havia passado horas e horas com um filho pequeno, que demandava muito cuidado e não havia conversado com nenhum adulto durante o dia inteiro. O que ela mais precisava naquele momento era uma conversa real, com um adulto que se preocupava com ela. Ao fazer aquilo, Scott só fez Barbara sentir-se culpada e zangada com a própria frustração.

Interações como aquelas entre Scott e Barbara ocorrem milhares de vezes, todos os dias, nos lares ao redor do mundo. Nós projetamos o que queremos e pressupomos que aquilo é também o que o nosso cônjuge quer. Scott provavelmente gostaria que alguém o tivesse ajudado daquela forma depois de um dia difícil no trabalho, por isso ele ofereceu exatamente aquilo à Barbara quando chegou em casa. É tão fácil ter boas intenções, mas errar. Um marido pode estar convencido de que é o altruísta, e também de que sua esposa está sendo egoista, porque ela não percebe tudo o que está dando a ela — e vice-versa. Essa também é exatamente a interação entre os clientes e os comerciantes de tantas empresas.

Sim, podemos fazer todos os tipos de coisas para o nosso cônjuge, mas se não estivermos focados nos trabalhos que eles mais precisam que sejam feitos, colheremos frustração e confusão em nossa busca pela felicidade nesse relacionamento. Nosso esforço é equivocado, estamos apenas fazendo um milk shake com mais chocolate. Essa pode ser aquela coisa mais difícil de entender em um casamento. Mesmo com boas intenções e muito amor, podemos fundamentalmente compreender um ao outro. As tarefas do dia a dia nos prendem. Nossa comunicação acaba focalizando apenas quem está fazendo o quê. Pressupomos muitas coisas.

Eu suspeito que se estudássemos o casamento pela perspectiva do trabalho a ser feito, descobriríamos que maridos e esposas mais leais uns aos outros são aqueles que identificaram os trabalhos que seus cônjuges precisam que sejam feitos — e, em seguida, fizeram o trabalho bem e confiavelmente. Eu sei que, para mim, isso tem um grande efeito. Ao me esforçar para realmente entender o trabalho que ela precisa fazer, e fazê-lo bem, eu consigo amar mais profundamente minha esposa e, espero, que o mesmo ocorra com ela. O divórcio, por outro lado, frequentemente se origina quando um cônjuge vê o casamento só em termos de saber se ela está dando o que ele quer. Se não for o caso, então ele se separa e vai procurar alguém que faça isso para ele.

Sacrifício e Compromisso

Isso pode parecer absurdo, mas eu acredito profundamente que o caminho para a felicidade em um relacionamento não é apenas encontrar alguém que você acha que vai fazê-lo feliz. Pelo contrário, o inverso é igualmente verdadeiro: o caminho para a felicidade trata-se de encontrar uma pessoa a quem você quer fazer feliz, alguém cuja felicidade é algo que vale a sua dedicação. Se o que nos faz amar ou se apaixonar profundamente e o entendimento mútuo e, em seguida, fazer o trabalho que o outro precisa que seja feito, então observei que o que *consolida* o compromisso é o grau em que eu me sacrifico para ajudar minha *esposa* a ter sucesso e para que *ela* seja feliz.

Esse princípio, sacrifício que aprofunda o nosso compromisso, não funciona só em casamentos. Ele se aplica aos membros de nossa família e aos amigos mais próximos, bem como às organizações e até mesmo às culturas e às nações.

Para ilustrar, permita-me oferecer-lhe o exemplo dos Fuzileiros Navais dos EUA, que desenvolvem um profundo senso de apego à organização, aos seus pares e ao seu país. Mas não porque é divertido — só o treinamento de sobrevivência dos Fuzileiros Navais pode ser um dos desafios mais difíceis da vida de muitos dos jovens candidatos até aquele momento. O trabalho quase os mata. Eles sacrificam muito pelos fuzileiros e por seus colegas. Mas é possível ver, rotineiramente, em todo o país adesivos para carros com a frase "Semper Fi" (sempre fiel).

Nossa filha, Annie, também teve essa experiência quando serviu como missionária de nossa igreja na Mongólia. Quando ela descobriu que iria para aquele país, seu irmão mais novo, Spence, deu a ela um guia de viagem. Ele ofereceu uma imagem desoladora: "É um país grande, mas não acho que você deva ir no inverno, porque a temperatura chega a 65 graus abaixo de zero. E, na verdade, não acho que você deva ir no verão, também, pois a temperatura chega a 51 graus celsius. Mas, sobretudo, não vá na primavera, pois há tempestades de areia no deserto de Gobi. Se você ficar presa em uma delas, a tempestade tirará a tinta do carro e a pele do seu corpo. Fora isso, porém, você vai adorar a estadia nesse lindo país!".

Aquilo não pareceu muito promissor, mas ela foi para a Mongólia, mesmo assim. Como previsto, foi, em alguns momentos, uma experiência brutal; agora, entendemos por que Genghis Khan estava tão ansioso para migrar para o sul. É um lugar inóspito. Por causa do clima, existem poucos lugares onde grãos e vegetais conseguem crescer. Em virtude disso, a alimentação, mesmo os lanches, é composta quase que inteiramente de produtos de origem animal (cavalos, ovelhas, iaques e cabras). Mas Annie persistiu durante todos os dezoito meses de duração do seu dever lá, ensinando e tentando ajudar a todos a quem ela conheceu no país e tentando se tornar uma pessoa melhor. Foi uma das coisas mais difíceis que ela fez na vida.

Mas quer saber? Annie deixou metade do seu coração com os mongóis para sempre, e isso fortaleceu muito o compromisso dela com a nossa igreja.

Eu me sinto exatamente da mesma maneira com relação à Coreia e aos notáveis coreanos, porque, quando jovem, servi como missionário na Coreia quando o país ainda era um dos mais pobres da Ásia. Nenhum de nós, Annie ou eu, sente esse apego profundo pelo povo desses países ou pelas pessoas de nossa igreja porque o trabalho que fizemos foi fácil. Pelo contrário, sentimo-nos assim porque doamos muito de nós mesmos.

Dado que o sacrifício aprofunda o compromisso, é importante garantir que aquilo pelo que nos sacrificamos *vale* o compromisso, como a igreja valeu para mim e para a Annie. Talvez nada mereça mais sacrifício que a família — e não é só os outros que devem se sacrificar por você, mas você deve se sacrificar por sua família também. Eu acredito que essa é uma base essencial para amizades duradouras e realizadoras, famílias e casamentos felizes.

Uma das primeiras vezes que observei isso foi na família de Edward e Joan Quinn, meus sogros. Minha esposa, Christine, é a mais velha de doze filhos, criados em uma família com pouco dinheiro, muito amor, e uma necessidade incrível de ajudar no sucesso uns dos outros. Eles tiveram que desistir de muitas coisas uns pelos outros; não havia espaço para egoísmo. Eu conheço inúmeras famílias, mas nunca conheci uma cuja lealdade para com o ente familiar fosse maior que nessa. Se qualquer coisa começasse a dar errado na vida de qualquer membro dessa família, agora ainda maior, todos, literalmente todos, apareciam no dia seguinte, não só oferecendo ajuda, mas procurando ativamente formas de ajudar.

Eu vivenciei isso na minha própria vida, também. Eu era um estudante, na Inglaterra, quando meu pai soube que estava com câncer — e, dentro de alguns meses, ficou claro que ele não estava melhorando. Voltei para casa para ajudar minha mãe e irmãos a cuidar dele. Eu não pensei duas vezes em fazer isso, era simplesmente o que precisava ser feito.

Meu pai havia trabalhado na mesma loja de departamento, ZCMI, por grande parte de sua vida. Quando éramos crianças, todos os sábados íamos até a loja ajudá-lo a fazer o trabalho dele ou, pelo menos, ele nos fazia sentir como se estivéssemos ajudando-o a abastecer as prateleiras, virando os rótulos cuidadosamente para a frente, e pesando pequenos sacos de nozes e especiarias, mesmo quando tudo aquilo apenas o atrasava. Ao ajudá-lo ao longo dos anos, aprendemos muito sobre o trabalho que ele fazia.

Quando meu pai finalmente ficou tão doente que não podia continuar a trabalhar, eu me ofereci para ir trabalhar em seu lugar. Uma semana, era um estudante da universidade de Oxford vivendo uma inebriante experiência acadêmica. Na semana seguinte, eu estava de volta à minha casa e preenchendo as prateleiras de lojas de departamentos com as mercadorias do feriado de Natal.

Agora você pode pensar que, olhando para trás, eu poderia ter ficado ressentido com o que aconteceu. E, ainda assim, eu considero que aqueles meses estão entre os momentos mais felizes que passei com meu pai e minha família. Quando reflito sobre o porquê, vejo que foi *porque* eu parei a minha vida inteira naquele tempo por eles.

~

É natural querer que as pessoas que você ama sejam felizes. O que pode ser frequentemente difícil é entender qual o seu papel nisso tudo. Pensar sobre seus relacionamentos da perspectiva do trabalho a ser feito é a melhor forma de entender o que é importante para as pessoas mais importantes da sua vida. Isso permite que você desenvolva uma empatia verdadeira. Perguntar a si mesmo "Qual trabalho o meu cônjuge mais precisa que eu faça?" proporciona a capacidade de pensar sobre isso na unidade certa de análise. Quando você aborda seus relacionamentos dessa perspectiva, as respostas são muito mais claras do que quando o faz por meio de simples especulação sobre qual pode ser a coisa certa a se fazer.

Mas você precisa ir além de entender qual trabalho o seu cônjuge precisa que você faça. Você precisa fazer o trabalho. Terá que devotar seu tempo e energia a esse esforço, estar disposto a suprimir suas próprias prioridades e desejos, e focalizar em fazer o que é preciso para fazer a outra pessoa feliz. Não devemos ser tímidos ao dar aos nossos filhos e cônjuge as mesmas oportunidades de eles se doarem aos outros. Você deve pensar que essa abordagem causaria, na verdade, ressentimento nos relacionamentos porque uma pessoa está tão claramente desistindo de algo pela outra. Mas descobri que isso tem o efeito oposto. Ao fazer um sacrifício por algo válido, você fortalece ainda mais o seu comprometimento com isso.

CAPÍTULO SETE

Seus Filhos a Bordo do Navio de Teseu

Todos reconhecemos a importância de proporcionar aos nossos filhos as melhores oportunidades. Cada nova geração de pais parece estar mais empenhada em criar para seus filhos as possibilidades que eles jamais tiveram. Com as melhores intenções, transferimos nossos filhos a uma miríade de instrutores e educadores, oferecendo-lhes experiências enriquecedoras, achando que prepararemos melhor nossas crianças para o futuro. Porém, esse tipo de ajuda pode ter um alto custo.

~

A Tragédia Grega da Terceirização

Nas últimas décadas, a Dell tem sido uma das empresas fabricantes de computadores mais bem-sucedida do mundo. No entanto, poucos imaginam que uma das razões para o sucesso da Dell foi uma empresa taiwanesa, fornecedora de componentes, chamada Asus.

A Dell atingiu sua plenitude no início da década de 1990, utilizando vários indicadores para nortear seu crescimento. Primeiro, seu modelo de negócios era tumultuado: a empresa começou fazendo computadores de baixa qualidade, a custos muito baixos, porque vendiam, em grande parte, por correio ou por meio da Web. Então, passou logo para a faixa superior do mercado, fazendo uma série de computadores com o mais alto nível de desempenho. Segundo, seus produtos eram modulares, permitindo aos clientes personalizarem seus próprios computadores por meio da escolha de quais componentes desejavam em suas máquinas. A Dell então montaria e enviaria as máquinas em quarenta e oito horas; uma realização impressionante! E, terceiro, a Dell procurou utilizar seu capital eficazmente, arrancando mais e mais vendas e lucros por dólar de seu patrimônio, algo que *Wall Street* aprovou. Estas três marcas estratégicas ajudaram a Dell a obter o sucesso de forma bastante extraordinária.

Curiosamente, foi uma empresa com sede em Taiwan, a Asus, quem possibilitou, na prática, o sucesso da Dell. Do mesmo modo que a Dell, a Asus começou com poucos recursos, fornecendo circuitos simples e seguros a preços menores do que a Dell poderia fazer por si mesma.

Nesse contexto, a Asus fez uma oferta bastante interessante para a Dell: "Temos feito um bom trabalho produzindo esses circuitos pequenos para você. Deixe-nos fornecer também as placas-mãe para seus computadores. Produzir placas-mãe não faz parte de *sua* alçada, mas sim da *nossa*. E podemos produzi-las a um custo 20% menor". Os analistas da Dell logo compreenderam que a Asus não apenas poderia produzir placas-mãe mais baratas, mas também permitiria que a Dell apagasse todos os ativos relacionados à fabricação de placas-mãe de seu balanço patrimonial.

Os analistas de Wall Street monitoram ferrenhamente os indicadores e coeficientes financeiros que rastreiam a "eficiência" do capital utilizado em um negócio. Uma forma bastante comum de monitoramento é o RONA ou Return On Net Assets, retorno sobre o ativo líquido. Na industrialização, isto é calculado dividindo-se a receita da empresa por seus ativos líquidos. A partir disso a empresa pode ser julgada como sendo mais rentável, quer por adicionar renda ao numerador ou pela redução de ativos no denominador. Elevar o numerador é bastante difícil, já que isso implica vender mais produtos. Baixar o denominador geralmente é mais fácil, porque se pode simplesmente optar pela terceirização. Quanto maior o coeficiente, mais eficiente o negócio é considerado no uso de seu capital. A proposta da Asus fez sentido. Se a Dell pudesse terceirizar alguns de seus ativos e ainda ser capaz de vender os mesmos produtos aos seus clientes, isso elevaria seu RONA, fazendo a alegria de Wall Street. "Puxa! Seria uma grande ideia", disse a Dell para a Asus. "Você pode produzir suas placas-mãe". Mas o mais interessante foi que tal acordo fez com que a Asus parecesse mais atrativa também para seus investidores. Ela estava aumentando suas vendas com a utilização de seus ativos existentes. Ambas as empresas pareciam numa situação melhor.

Após reorganizar-se para se adaptar ao acordo, a Asus voltou-se para a Dell e disse: "Fizemos um bom trabalho produzindo placas-mãe para você. Por que você não permite também que montemos integralmente o computador? A montagem desses produtos não é o que torna a Dell bem-sucedida. Podemos tirar de seu balanço patrimonial todos os ativos de produção restantes, e podemos fazê-lo por 20% menos".

Os analistas da Dell entenderam que isto também seria um negócio no qual todos sairiam ganhando. Como a Asus assumiu mais estas atividades, o seu RONA aumentou à medida que o numerador do índice — os lucros — ficaram maiores. A retirada do processo de fabricação também aumentou o RONA da Dell, não mudou a linha de rendimento, mas a retirada de todos aqueles ativos do balanço aumentou o denominador do índice.

Esse processo continuou com a Dell terceirizando a gestão de sua cadeia de suprimentos, e depois, o próprio design de seus computadores. Essencialmente, a Dell terceirizou para a Asus tudo em seu negócio de computadores pessoais; tudo, exceto sua marca. O RONA da Dell tornou-se *muito* alto, como tinha poucos ativos deixados na parte consumidor de seus negócios.

Então, em 2005, a Asus anunciou a criação de sua própria marca de computadores. Nessa tragédia grega, a Asus pegou tudo o que aprendera com a Dell e aplicou a si mesma. Tudo começou com a mais simples das atividades da cadeia de valor, e depois, decisão por decisão, sempre que a Dell terceirizava a próxima atividade com menor valor agregado restante em seu negócio, a Asus somava atividades de maior valor agregado ao seu negócio.

Desde o princípio, os números pareceram bons para a Dell. Mas o que os números não mostraram foi o impacto que essas decisões teriam no futuro da empresa. No início de suas atividades, a Dell era uma das mais atraentes empresas de informática no mercado, mas, ao longo dos anos, lentamente terceirizou seu caminho para a mediocridade no estilo C2B. A Dell não constrói os computadores; ela não os envia, não faz sua manutenção. Ela simplesmente permite que empresas em Taiwan utilizem o nome "Dell" nas máquinas.

Para fazer justiça à Dell, ela foi bem-sucedida ao mudar-se para o ramo de servidores de alto lucro, que está prosperando. Mas, no lado do consumidor, a Dell terceirizou algo muito mais essencial do que poderia ter imaginado.

Compreender Suas Habilidades

Você pode dizer, com base nessa história, que há um perigo na terceirização. É evidente que se a direção da Dell tivesse conhecimento de qual seria o resultado da abordagem que fizeram, teriam sido mais hesitantes em aceitar as propostas da Asus. Mas como eles *poderiam* saber?

A resposta está na compreensão do conceito de "habilidades". É necessário que se entenda o que são habilidades, e quais delas são essenciais para o futuro. Saber quais habilidades são importantes para serem mantidas e quais importam menos.

O que quero dizer com isso?

Em resumo, as fábricas que determinam o que uma empresa pode ou não fazer — suas habilidades — incorrem em uma de três opções: recursos, processos e prioridades. As três oferecem uma observação fiel de uma empresa, em qualquer tempo, porque são mutuamente exclusivas, (parte de um negócio não pode se ajustar a mais do que apenas uma das categorias), e coletivamente completas, (juntas, as três categorias são responsáveis por todas as coisas dentro de um negócio). Juntas, essas habilidades são essenciais para avaliar o que uma empresa pode e, talvez mais importante, não pode realizar.

As habilidades são dinâmicas e construídas com o tempo; nenhuma empresa inicia atividades com suas habilidades plenamente desenvolvidas. Dos três fatores, o mais tangível são os *recursos*, o qual inclui pessoas, equipamento, tecnologia, projetos de produtos, marcas, informações, dinheiro e relacionamentos com fornecedores, distribuidores e clientes. Os recursos são, geralmente, pessoas ou coisas — podem ser contratados e dispensados, comprados e vendidos, depreciados ou construídos. Muitos recursos são visíveis e, com frequência, mensuráveis, assim, os gestores podem prontamente estimar seu valor. A maioria das pessoas pode pensar que são os recursos que fazem um negócio bem-sucedido.

Porém, os recursos são apenas um dos três fatores essenciais na condução de um negócio. As organizações geram valores à medida que os empregados transformam recursos em produtos e serviços de maior valor. O modo como aqueles empregados interagem, se coordenam, se comunicam e tomam decisões é conhecido como *processos*. Estes permitem aos recursos solucionarem mais e mais problemas complicados.

Os processos incluem o modo como os produtos são desenvolvidos e fabricados e os métodos pelos quais a pesquisa de mercado, o orçamento, o desenvolvimento dos funcionários, a remuneração e a alocação de recursos são realizados. Ao contrário dos recursos, que são muitas vezes facilmente vistos e medidos, os processos não podem ser vistos no balanço.

Se a empresa tem processos vigorosos no local, os gestores têm flexibilidade sobre que funcionários colocam em quais atribuições — porque os processos funcionarão independentemente de quem os desempenha. Tome como exemplo a empresa de consultoria McKinsey, que é contratada para ajudar empresas em todo o mundo. Os processos da McKinsey são tão generalizados que consultores das mais variadas formações e treinamentos podem ser "conectados" aos processos pelos quais, habitualmente fazem seu trabalho — com a confiança de que proporcionarão os resultados necessários.

A terceira — e talvez mais significante — habilidade são as *prioridades* da organização. Este conjunto de fatores define como uma empresa toma decisões; ele pode oferecer diretrizes claras sobre o que a empresa tende a investir, e em que não investirá. Os empregados, em todos os níveis, tomarão decisões atribuindo prioridades — em que irão concentrar-se hoje e o que colocarão no final de suas listas.

Os gestores não podem estar presentes para tomar conta de cada decisão à medida que a empresa vai se tornando maior. Isto porque quanto maior e mais complexa a empresa se torna, mais importante é, para os gestores experientes, assegurar que os empregados tomem, por si mesmos, decisões priorizadas que sejam consistentes com a direção estratégica e modelo de negócios da empresa. Isto significa que os executivos experientes bem-sucedidos precisam dedicar bastante tempo articulando prioridades claras e consistentes, que sejam amplamente compreendidas por toda a organização. Ao longo do tempo, as prioridades de uma companhia devem estar em sincronia com o modo como a empresa ganha dinheiro, porque os empregados *devem* priorizar aquilo que oferece suporte às estratégias da empresa, se a empresa espera sobreviver. Caso contrário, as decisões que tomam estarão em conflito com os fundamentos da empresa.

Nunca Terceirize o Futuro

Assim como a Dell, empresas do setor farmacêutico, automobilístico, de petróleo, tecnologia da informação, semicondutores e muitos outros setores têm, cada vez mais, perseguido a terceirização, sem considerar a importância das habilidades futuras. Eles são incentivados por fazerem isso por financistas, consultores e acadêmicos — eles percebem quão rápida e facilmente podem colher os benefícios da terceirização, e não veem o custo da perda das habilidades que renunciam agindo dessa forma. Se arriscam a criar sua própria versão da Asus.

A história da terceirização na indústria americana de semicondutores, por exemplo, narra as aflições que sucederam às empresas que aderiram cegamente a terceirização. No início, fez todo sentido do mundo terceirizar as etapas mais simples inerentes a fabricação de produtos semicondutores para fornecedores chineses e taiwaneses. As empresas americanas de semicondutores pensaram que estavam seguras, uma vez que mantiveram as etapas mais complexas e rentáveis, como o design do produto.

Mas, embora os fornecedores asiáticos começassem reunindo apenas os produtos mais simples, eles não desejavam permanecer nisso. Era trabalho de baixo custo e quase qualquer um poderia fazê-lo. Eles sabiam que estariam vulneráveis a perder aquele trabalho para um montador com custos mais baixos. Assim, os fornecedores asiáticos se esforçaram para continuar subindo no mercado, fabricando e montando produtos cada vez mais sofisticados. Agora, os fornecedores em Taiwan, na Coreia, em Cingapura e na China tornaram-se capazes de fabricar produtos e componentes que seus clientes americanos, que primeiramente terceirizaram para esses fornecedores, não mais poderiam esperar fazer.

O quadro realmente mudou. No início, as empresas americanas terceirizavam coisas simples para baixar os custos e retirar ativos de seus balanços. Como é sempre o caso, cada decisão, por si mesma, pareceu fazer sentido. Agora, entretanto, devem terceirizar produtos sofisticados porque não podem mais fabricá-los.

A teoria das habilidades dá às empresas a estrutura para determinar quando a terceirização faz sentido e quando não faz. Existem duas considerações importantes. Primeira: você deve ter uma visão *dinâmica* dos recursos de seus fornecedores. Presuma que eles podem e irão mudar. Você não deve se concentrar no que os fornecedores estão fazendo agora, mas, de preferência, concentre-se naquilo que estão se esforçando para serem capazes de fazer no futuro. Segunda e mais essencial de todas: descubra quais habilidades você precisa ter para ser bem-sucedido no futuro. Estas *devem* permanecer internalizadas — de outro modo você está entregando o futuro de seu negócio. Compreender o poder e a importância das habilidades pode fazer a diferença entre um CEO bom e um medíocre.

O Que Seus Filhos Podem e Não Podem Fazer

Estamos avaliando habilidades ao nosso redor todos os dias, quer entendamos isto ou não. Avaliamos tudo sobre nossas organizações, nossos chefes, nossos colegas e amigos, e nossos empregados. Avaliamos nossos concorrentes. Mas, se eu lhe pedisse para virar essas lentes para bem perto de casa, poderia fazer isso? Quais são suas habilidades? E as de sua família? Pode parecer engraçado pensar em nós mesmos como um composto de recursos, processos e prioridades, tal qual um negócio. Mas é uma forma perspicaz para avaliar o que somos capazes de realizar em nossas próprias vidas — e o que pode estar fora de nosso alcance. Aposto que se você listou suas próprias habilidades, existem algumas que você sabe que são pontos fortes e ativos reais. Mas todos nós temos algumas áreas que gostaríamos que fossem mais fortes — recursos que você poderia voltar no tempo e desenvolver melhor se pudesse.

Infelizmente, nenhum de nós pode se dar ao luxo de fazer isso. Da mesma forma que a Dell não pode retroceder o relógio nas decisões que tomou para terceirizar suas habilidades, nós não podemos voltar para nossa juventude e descobrir meios para desenvolver as habilidades que desejamos ter. Mas, com pais, temos a oportunidade de ajudar nossos filhos a fazer direito. O modelo de habilidades de *Recursos*, *Processos* e *Prioridades* pode nos ajudar a avaliar o que nossos filhos irão precisar para serem capazes de fazer, dados os tipos de problemas e desafios que sabemos, eles confrontarão no futuro.

O primeiro fator que determina o que a criança pode e não pode fazer são seus recursos. Isto inclui recursos financeiros e materiais que lhe foram dados ou obtidos, seu tempo e energia, o que ele sabe, quais são seus talentos, que relacionamentos construiu e o que aprendeu do passado.

O segundo grupo de fatores que determinam as habilidades de uma criança são os processos. Processos são o que seu filho faz com os recursos que ele tem, para executar e criar novas coisas para si mesmo. Assim como no interior de um negócio, eles são relativamente intangíveis, mas há uma grande parte que torna cada criança única. Isso inclui o modo como pensa, como formula questões compreensíveis, como e se pode resolver problemas de vários tipos, como trabalha com os outros, e assim por diante.

Deixe-me dar alguns exemplos para destacar a diferença entre os recursos e os processos de uma criança. Pegue um jovem sentado em uma sala de aula. Professores e alunos podem criar conhecimento, e nosso jovem pode sentar-se em uma sala de aula e absorver passivamente o conhecimento que outros criaram. Tal conhecimento torna-se agora um recurso para ele; ele deve utilizar isto para obter uma nota melhor, em uma prova que avalia simplesmente quanta informação ele obteve. Mas isso não significa necessariamente que ele adquiriu a capacidade para *criar* novo conhecimento. Se ele fosse capaz de tomar a informação absorvida em sala de aula e usá-la para, digamos, criar um aplicativo para um tablet, como um iPad, ou conduzir sua própria experiência científica, *essa* habilidade seria um processo.

Se aqueles descrevem os recursos e processos de uma criança, a última habilidade são as prioridades pessoais da criança. Elas não são diferentes das prioridades que temos em nossas próprias vidas: escola, esportes, família, trabalho e fé são todos exemplos. As prioridades determinam como a criança tomará decisões em sua vida — quais coisas em sua mente e vida ela colocará no topo da lista, o que ela adiará e quais ela não terá interesse em fazer de modo algum.

Para compreendermos como todas as três trabalham juntas vamos continuar o exemplo da criança que desenvolve um aplicativo para iPad. Se seu filho possui um computador no qual desenvolver um sistema e conhecimento sobre como programar um aplicativo para iPad, ele possui os recursos. O modo como ele reúne esses recursos para criar algo original, algo que ele não foi explicitamente ensinado a fazer, para aprender à medida que prossegue — estes são seus processos. E o desejo que tem em passar seu precioso tempo livre criando um aplicativo, o problema, com o qual ele se importa o suficiente para criar um aplicativo para resolvê-lo, a ideia de criar algo único, ou o fato de que ele se preocupa em impressionar os amigos — estas são as prioridades que o conduzem. Recursos é *o que* ele utiliza para fazer, processos é *como* ele faz e prioridades é o *porquê* ele faz.

A Tragédia Grega — Dentro de Nossas Famílias

Muito *me preocupa* que muitos, muitos pais estão fazendo com seus filhos o que a Dell fez com seu negócio de computadores pessoais — removendo as circunstância nas quais eles podem desenvolver processos. Como regra geral em sociedades que se desenvolvem, estamos terceirizando mais e mais do trabalho que, uma geração antes, era feito "internamente", em casa. Isso soa quase que estranho em comparação com a vida agora, porém, no bairro simples onde cresci, havia bastante trabalho sendo feito em nossas casas. Tínhamos jardins e árvores frutíferas, cultivávamos muito do que comíamos. Tínhamos que estocar muito do que cultivávamos para que pudéssemos comer durante o inverno e a primavera. Nossas mães fabricavam muitas das roupas que usávamos, e na falta de tecidos que não amarrotam, tínhamos que gastar horas e horas lavando e passando nossas roupas. A ideia de que alguém talvez contratasse outra pessoa para cortar a grama e remover a neve de sua casa — isso simplesmente nunca acontecia. Havia tanto trabalho acontecendo que as crianças praticamente trabalhavam para seus pais.

Passo a passo, nesses últimos cinquenta anos, tornou-se fácil e barato terceirizar esses trabalhos a profissionais. Agora, o único trabalho que vem sendo feito em muitas de nossas casas é uma limpeza periódica da bagunça que nós mesmos fizemos. Na falta de trabalho, criamos uma geração de pais que, de forma abnegada, devotam-se a oferecer para seus filhos experiências enriquecedoras — assim chamadas *soccer moms* (mamães que passam o dia levando os filhos do judô para a academia de ginástica, para o futebol e para outras atividades), um termo que nem fazia parte do léxico da língua americana até cinquenta anos atrás. Elas carinhosamente transportam seus filhos para o futebol, lacrosse, basquetebol, futebol americano, hóquei e times de beisebol, dança, ginástica, música e aulas de chinês. Enviam os filhos para um semestre em Londres e para tantos acampamentos que muitas crianças não têm tempo para conseguir um trabalho temporário nas férias. Consideradas individualmente, cada uma dessas atividades pode ser uma oportunidade maravilhosa para o desenvolvimento da criança, e é um excelente substituto para todo aquele trabalho que costumava haver em casa. As crianças podem aprender a superar desafios difíceis, ter responsabilidades, tornarem-se bons jogadores. Estas são oportunidades para o desenvolvimento do processo crítico nas crianças, e o que elas precisarão mais tarde para ter sucesso na vida.

Muito frequentemente, entretanto, os pais impingem todas essas experiências sobre seus filhos sem perceber. Agora, por outro lado, expor os filhos a tantas atividades é louvável. Você deseja ajudar seus filhos a descobrirem algo que realmente gostem de fazer, e é essencial para eles encontrarem algo que os motive a desenvolver seus próprios processos.

Porém, não é sempre o incentivo dos pais impondo estas atividades nas vidas dos filhos. Os pais têm seu próprio trabalho a fazer, e isto pode ofuscar o desejo de ajudar os filhos a desenvolverem processos. Eles têm a função de quererem sentir-se bons pais: viu quantas oportunidades ofereço ao meu filho? Ou os pais, geralmente com o coração no lugar certo, projetam seus próprios sonhos e esperanças na vida de seus filhos.

Quando essas outras intenções começam a insinuar-se, e os pais parecem estar carregando seus filhos para um conjunto de atividades sem fim, nas quais as crianças não estão realmente envolvidas, é hora de levantar a bandeira vermelha. As crianças estão desenvolvendo, graças a essas experiências, processos profundos e importantes como trabalho em equipe, empreendedorismo e estão aprendendo o valor da preparação? Ou estão simplesmente passeando? Enquanto estamos tão decisivamente focados em cercar de recursos nossos filhos, precisamos nos fazer uma nova série de perguntas: Meu filho está desenvolvendo a capacidade para desenvolver melhor suas habilidades? O conhecimento para desenvolver um conhecimento mais profundo? A experiência de aprender com suas experiências? Estas são diferenças essenciais entre recursos e processos nas mentes e corações de nossos filhos — e, temo, um resíduo inesperado da terceirização.

Quando terceirizou parte de seus negócios, a Dell deu para a Asus alvos a serem alcançados e problemas para serem resolvidos. A Asus então desenvolveu os processos para realizar o trabalho — mesmo à medida que os processos da Dell para o mesmo trabalho atrofiaram. A Asus se aprimorou e expandiu aqueles processos de modo que assim pudesse completar mais e mais trabalhos sofisticados. A Dell não viu que estava se concentrando demais em recursos e reduzindo processos essenciais que acabou realmente minando sua competitividade futura.

Muitos pais estão cometendo o mesmo erro, inundando seus filhos com recursos — conhecimento, habilidades e experiências. E, assim como com a Dell, cada decisão sobre o que fazer parece ter sentido. Queremos que nossos filhos progridam, e acreditamos que as oportunidades e experiências que lhes proporcionamos os ajudarão a fazer exatamente isso. Mas, a natureza dessas atividades, experiências nas quais eles não se envolvem profundamente, e que realmente não os desafiam a fazer coisas mais difíceis, negam aos nossos filhos a oportunidade de desenvolver processos de que precisarão para um futuro bem-sucedido.

O Que Meus Pais Não Fizeram por Mim

O resultado final dessas boas intenções para com nossos filhos é que poucos chegam à idade adulta sem terem tido a oportunidade de assumir responsabilidades onerosas e solucionar problemas complexos para si mesmos e para os outros. A autoestima — o sentimento de "Não tenho medo de enfrentar esses problemas e sei que posso resolvê-lo" — não surge de recursos abundantes. Mais exatamente, a autoestima vem de se alcançar algo importante quando isto é muito difícil de ser feito.

Até o momento desta escrita e pela primeira vez na economia moderna, o desemprego entre homens jovens é maior do que quase em qualquer outro grupo na América, e, de fato, esta verdade é comum para muitos países desenvolvidos ao redor do mundo. Como pode ser isto? Pessoas sensatas podem ponderar se isto é o resultado das políticas econômicas de décadas passadas, mas penso que outro fator está contribuindo para essa situação. Temo que uma geração inteira chegou à idade adulta sem as habilidades — particularmente os processos — que se traduzem em emprego. Nós terceirizamos o trabalho de nossas casas, e permitimos que o vazio fosse preenchido com atividades que não desafiam ou envolvem nossos filhos. Protegendo nossos filhos dos problemas da vida, inadvertidamente nós negamos a esta geração a capacidade para desenvolver processos e prioridades necessárias ao sucesso.

Não estou defendendo atirar as crianças às profundezas para ver se conseguem nadar. Ao contrário, é um caso de começar desde cedo a encontrar problemas simples para que eles resolvam por si mesmos, problemas que os ajudem a construir seus processos — e uma autoestima saudável. À medida que olho para trás, para minha própria vida, reconheço que alguns dos maiores presentes que recebi de meus pais derivam não do que eles fizeram por mim, mas sim do que *não fizeram* por mim. Um exemplo disto: minha mãe nunca remendou minhas roupas. Lembro-me de ir até ela, quando estava nos primeiros anos do ensino fundamental I, com furos em ambas as meias do meu par favorito. Minha mãe havia acabado de dar a luz ao seu sexto filho e estava totalmente imersa nas atividades de nossa igreja. Ela estava muito, muito ocupada. Nossa família não possuía dinheiro extra em nenhum lugar, portanto, comprar meias novas estava totalmente fora de questão. Então, ela me disse para colocar a linha na agulha e voltar quando tivesse feito isto. Depois de demorar cerca de dez minutos, considerando minha certeza de que ela teria feito em dez segundos — ela pegou uma das meias e me mostrou como passar a agulha para dentro e para fora, nas bordas do furo, ao invés de um lado para outro do furo, e depois, simplesmente puxou a linha para fechar o furo. Ela demorou apenas 30 segundos. Finalmente, ela me mostrou como dar o nó e cortar a linha. Ela me deu a segunda meia e continuou seus afazeres.

Um ano mais tarde, eu provavelmente estava no terceiro ano, caí no playground da escola e rasguei minha calça da Levi's. Isto era sério, porque na minha família cada criança só tinha dois pares dois pares de calças para usar na escola. Levei minha calça para minha mãe e perguntei se ela poderia consertá-la. Ela me mostrou como montar e usar sua máquina de costura, inclusive como fazer costura em zig-zag, deu-me uma ou duas sugestões sobre como ela tentaria consertar a calça, caso fosse ela quem consertasse, e continuou em seus afazeres. Sentei-me ali, a princípio sem qualquer ideia, mas afinal descobri como fazer.

Embora, em retrospectiva, essas coisas foram muito simples, representaram um ponto de definição em minha vida. Elas me ajudaram a aprender que eu deveria resolver meus próprios problemas sempre que possível, me deram a confiança de que eu poderia resolver meus próprios problemas e me ajudaram a experimentar orgulho naquelas realizações. É engraçado, mas sempre que eu vestia aquelas meias, até estarem puídas, olhava para aquele conserto no dedão e pensava: "Eu fiz isso!" Não tenho lembrança de como ficou parecendo o remendo no joelho, naquela calça da Levi's, mas tenho certeza de que não ficou bonito. Entretanto, quando recordo essas coisas não me ocorre não ter feito um remendo perfeito. Apenas sinto orgulho em ter feito o remendo.

Quanto à minha mãe, imagino o que ela sentiu quando me viu indo para a escola vestindo aquelas calças remendadas no joelho. Algumas mães ficariam envergonhadas por deixar seus filhos serem vistos em farrapos — o que evidenciava apenas quão poucos tostões tinham de sobra. Mas acredito que minha mãe jamais olhou para minha Levi's. Creio que ela estava olhando para mim e, provavelmente, viu em mim a mesma coisa que eu vi no remendo: "Eu fiz isso!".

Os Filhos Aprendem o Que Estão Prontos para Aprender

Negar aos filhos a oportunidade para desenvolver seus processos não é o único modo em que a terceirização tem danificado suas habilidades. Há algo muito mais importante em risco quando terceirizamos muito de nossas vidas: nossos valores.

Não faz muito tempo eu estava elogiando um amigo sobre como seus filhos se tornaram adultos incríveis. Ele e a esposa (vou chamá-los de Jim e Norma) haviam constituído uma família maravilhosa. Cada um de seus cinco filhos revelaram-se *bem* diferentes uns dos outros, mas todos eles eram bem-sucedidos em suas carreiras, haviam escolhido cônjuges maravilhosos e estavam criando seus próprios filhos, cada um em diferentes partes do país.

Perguntei para Jim e Norma como eles haviam criado filhos tão bons. De todas as pérolas de sabedoria que eles dividiram comigo, este discernimento da Norma destacou-se: "Quando as crianças vinham para casa para a reunião de família, eu gostava de ouvir suas conversas sobre as experiências que tiveram enquanto cresciam e quais tiveram maiores impactos em suas vidas. Tipicamente, eu não tinha lembrança dos fatos que eles recordavam como sendo importantes. E quando eu perguntei a eles sobre os momentos em que Jim e eu nos sentávamos especificamente para compartilhar o que pensávamos ser valores fundamentais da nossa família, bem, as crianças não tinham lembrança de nenhum deles. Entendi que a lição aqui era que as crianças aprenderão quando estiverem prontas para isso, não quando estamos prontos para ensiná-las".

É uma bela maneira de articular a importância da construção da terceira habilidade — prioridades. Ela influencia o que as crianças colocarão em primeiro lugar em suas vidas. De fato, ela pode ser a habilidade mais importante que podemos dar aos nossos filhos.

Provavelmente, você pode se recordar de momentos semelhantes de sua própria infância — quando você apreendeu algo importante com seus pais, mesmo que eles nem tenham se dado conta de que compartilharam. Seus pais muito provavelmente não estavam conscientemente pensando em ensinar-lhe as prioridades certas naquele momento — mas, simplesmente porque eles estavam lá com você naqueles momentos de aprendizado, aqueles valores se tornaram seus valores também. O que significa que, primeiro, quando as crianças estão prontas para aprender, precisamos estar lá. E, segundo, precisamos ser achados mostrando através de nossas ações as prioridades e valores que queremos que nossos filhos aprendam.

Mais uma vez, na terceirização, muito do trabalho que antigamente preencheu nossas casas, nós criamos um vazio nas vidas de nossos filhos que frequentemente é preenchido com atividades nas quais não estamos envolvidos. E, como resultado, quando nossos filhos estão prontos para aprender, são pessoas que não conhecemos ou respeitamos que, com frequência, estão lá.

Há um enigma maravilhoso deixado para nós pelos gregos. Publicado primeiramente pelo autor Plutarco e conhecido como o Navio de Teseu. Como um tributo ao mítico fundador de sua cidade — famoso por destruir o Minotauro —, os atenienses se comprometeram a manter a navegabilidade do navio de Teseu, atracado no porto de Atenas. Como partes do barco apodreceram, foram substituídas... até que finalmente todas as partes do barco haviam sido substituídas.

A questão é a seguinte: Dado que todas as partes foram substituídas, era ele ainda o Navio de Teseu? Os atenienses ainda o chamam de Navio de Teseu... mas é mesmo?

Quero tornar isto em outra questão filosófica semelhante para você: se seus filhos adquirem suas prioridades e valores de outras pessoas... são filhos de quem?

Sim, elas ainda são seus filhos — mas você compreende o que estou insinuando. O risco não é de que cada minuto gasto com outro adulto será de transferência de valores. Nem é sobre construir o argumento de que você precisa proteger seu filho do "mundo grande e mau" — que você deve passar cada momento acordado com eles. Você não deve.

Equilíbrio é importante e existem lições valiosas que seus filhos aprenderão ao enfrentar os desafios que a vida irá proporcionar-lhes, por si mesmos.

Mais exatamente, o ponto é que mesmo se você estiver fazendo isso com a melhor das intenções, se descobrir que está trilhando um caminho de terceirização cada vez maior de seu papel como pai, você perderá mais e mais oportunidades preciosas de ajudar seus filhos a desenvolverem seus valores — que pode ser a mais importante habilidade de todas.

~

Você tem em mente os melhores propósitos para seus filhos quando os abastece com recursos. Isto é o que muitos pais pensam que devem fazer — prover para os filhos. Você pode comparar com seus vizinhos e amigos quantas atividades seu filho está envolvido, quais instrumentos ele está aprendendo, que esportes ela está praticando. É fácil mensurar e isto faz você se sentir melhor. Mas, muito desse gesto de amor pode realmente prejudicá-los ao tornarem-se os adultos que você deseja que sejam.

As crianças precisam fazer mais do que aprender novas habilidades. A teoria das habilidades sugere que elas precisam de desafios. Precisam resolver problemas difíceis. Precisam desenvolver valores. Quando você se descobrir provendo mais e mais experiências que não dão às crianças a oportunidade de estarem profundamente envolvidas, você não estará equipando-as com os processos de que precisam para ter sucesso no futuro. E se você se achar entregando seus filhos para que outras pessoas lhes deem todas essas experiências — terceirização — você está, de fato, perdendo oportunidades valiosas de ajudar a promover e desenvolver seus filhos para que sejam o tipo de adultos que você respeita e admira. As crianças aprenderão quando estiverem prontas para aprender e não quando você estiver pronto a ensiná-las. Se você não estiver com elas à medida que encontram desafios em suas vidas, então você está perdendo oportunidades importantes para moldar as prioridades delas — e suas vidas.

CAPÍTULO OITO

As Escolas da Experiência

Ajudar seus filhos a aprenderem como fazer coisas difíceis é uma das funções mais importantes de um pai. Será essencial equipá-los para todos os desafios que a vida lhes apresentará no futuro. Mas como você prepara seus filhos com as habilidades certas?

~

Tem Certeza de Que Esse É o Material Certo?

Em 1979, o escritor Tom Wolfe cativou a imaginação do público com sua descrição de um dos mais competitivos ambientes profissionais do mundo: a seleção de pilotos de caça americanos. Para descobrir quem deve subir ao topo, os pilotos disputavam a primazia em um teste de nervos cada vez maior, uma espécie de desafio darwinista. Os primeiros executivos da NASA haviam decidido que assim era como identificar quem havia nascido com "o material certo". Aqueles que tiveram sucesso sob pressão do programa, caracterizado pela tensão nervosa e apreensão, foram considerados naturalmente nascidos heróis.

Muitas empresas, esperando criar a equipe principal de decisões, tendem a reproduzir o mesmo tipo de pensamento: que, de algum modo, há como identificar definitivamente a diferença entre o bom e o notável. Nos negócios, o "teste" é o que um currículo mostra; pode-se dizer por ele se um candidato é provável para ter sucesso em uma nova posição desafiadora. O fundamento para isto é a crença de que os candidatos principais alcançaram o que alcançaram por causa de um talento inato; que todos estes talentos são qualidades que nasceram com o candidato, permanecem inativos, esperando para serem usados e aperfeiçoados. Os recrutadores buscam aqueles candidatos que têm ido de sucesso a sucesso, uma versão empresarial para os testes dos pilotos de caça. No papel, os principais candidatos parecem destacar-se sempre. Eles têm a expressão de Wolfe: "o material certo".

Porém, se um candidato sempre se move horizontalmente ou teve atribuições que não eram promoções claras, muitos recrutadores entendem que essa pessoa não tem "o material certo"; é como se a empresa estivesse indicando que eles atingiram os limites de seu talento.

Se encontrar o material certo é uma boa maneira de identificar os melhores talentos, por que é tão comum ver executivos com histórico de sucesso em uma empresa indo para outra empresa com grande alarde — apenas para ser rapidamente apelidado de fracasso e ser conduzido para fora? Está claro que há algo errado aqui. A ideia de que algumas pessoas possuem talentos inatos, que precisam apenas ser identificados provou ser um indicador pouco confiável de sucesso nos negócios. As empresas estão usando o que pareceria ser uma lista lógica de critérios para selecionar seus candidatos notáveis, mas esta é a lista errada.

Alguns anos atrás, em um grande programa de educação para executivos para mais de mil líderes de uma variedade de empresas, perguntei, por meio de pesquisa, o seguinte: "De todas as pessoas que você contratou ou promoveu, para posições de responsabilidade (definida), em sua empresa desde que assumiu sua responsabilidade atual, qual a porcentagem deles acabou por ser uma excelente escolha? Qual porcentagem está desempenhando adequadamente? E qual o percentual acabou por ser a pessoa errada para o trabalho para o qual foram contratados ou promovidos? Por seus próprios cálculos, cerca de um terço eram escolhas excelentes; quarenta por cento eram escolhas adequadas e cerca de vinte e cinco por cento acabaram por ser erros.

Em outras palavras, um gestor típico comete *muitos* mal-entendidos. Eles podem esforçar-se por defeito zero de qualidade na indústria ou nos serviços, mas uma taxa de "defeito" de 25% na escolha de pessoas certas — o que muitos consideram sua responsabilidade mais importante — é, de alguma forma, considerado aceitável.

Portanto, se uma seleção do "material certo" não prevê o sucesso futuro, o que prevê? Passei muito tempo procurando e tentando desenvolver uma teoria que ajudasse meus alunos a evitar tais erros de contratação em suas carreiras futuras. Em minha busca, li livro após livro onde o pensamento tinha sido reduzido a generalidades. Todos escreveram sobre a necessidade de conseguir "a pessoa certa no lugar certo na hora certa" e empregaram exemplos de empresas de sucesso como base para as "regras" de como fazer isto. A maioria dos livros que li presumiu que as escolhas que uma empresa de sucesso fez funcionariam para todas as pessoas. "Se você contratar o tipo de pessoas que a bem-sucedida empresa XYZ Ltda. contratou, então, você também será bem-sucedido."

Esse é um péssimo modo de desenvolver uma teoria. De fato, isto não é teoria de modo algum. A maioria dessas conclusões está baseada em histórias e boatos.

Não funcionaram até que me deparei com o trabalho desenvolvido inicialmente por Morgan McCall, professor da University of Southern California (Universidade do Sul da Califórnia), em um livro intitulado *High Flyers,* onde finalmente encontrei uma teoria que pudesse ajudar as pessoas a tomar melhores decisões sobre quem contratar no futuro. O livro explica por que tantos gestores fazem contratações erradas.

McCall tem uma visão bastante diferente sobre o "material certo". Enquanto que os pilotos de caça de Wolfe podem, de fato, ter sido o melhor dos melhores, a teoria de McCall oferece uma explicação casual do porquê. Não foi porque eles nasceram com habilidades superiores. Em vez disso, foi porque tinham se preparado ao longo do caminho, tendo experiências que os ensinaram como lidar com a derrota ou com o estresse extremo em situações envolvendo altos riscos.

O pensamento "material certo" lista habilidades que estão *correlacionadas* ao sucesso. Isto é, usando a descrição da teoria discutida anteriormente, procurando ver se os candidatos ao emprego têm asas e penas. O modelo de escolas de experiência está perguntando se eles têm realmente voado, e, caso tenham, em quais circunstâncias. Este modelo ajuda a identificar se, em uma atribuição anterior, alguém realmente combateu um problema semelhante ao que precisará enfrentar agora. Em termos de linguagem das habilidades anteriores, esta é uma busca por habilidades de processo.

Ao contrário do modelo de "material certo", o pensamento de McCall não está baseado na ideia de que os grandes líderes nascem prontos para caminhar. Em vez disso, suas capacidades são desenvolvidas e moldadas por experiência de vida. Um emprego desafiador, uma falha na liderança de um projeto, uma atribuição em uma nova área da empresa — todas essas coisas tornam-se "cursos" na escola da experiência. As habilidades que os líderes têm — ou a falta delas — dependem fortemente de quais "cursos", por assim dizer, eles fizeram e não fizeram ao longo do caminho.

O Material Certo Não É Certo de Modo Algum

Cometi erros com a avaliação de gestores ao longo dos anos com mais frequência do que eu gostaria de admitir, por não utilizar o pensamento de McCall. Por exemplo, me senti aquém quando estava administrando a CPS Technologies, que fabricava produtos de uma classe de materiais cerâmicos de alta tecnologia como o óxido de alumínio e o nitreto de silício. Dois anos dentro de nosso lançamento no negócio, estávamos prontos para mudar para fabricação de baixo nível de nossos produtos iniciais, e decidimos que precisaríamos contratar um vice-presidente de operações. Nem eu nem meus colegas professores do MIT, tínhamos, nenhuma vez, dimensionado um processo de fabricação antes. A responsabilidade imediata do vice-presidente seria cuidar disso — desenvolver nossas operações fora do laboratório e na produção em nossa nova fábrica, que ficava cerca de oito quilômetros de distância de nossos laboratórios.

Após três meses de procura, tínhamos estreitado nossa busca para duas pessoas. Um capitalista de risco de nossa diretoria nos indicou o Candidato A — um homem *muito* capaz, que foi vice-presidente executivo de operações para uma unidade de negócios de bilhões de dólares que abrangia o globo. Nós admirávamos a qualidade de seus produtos que incluía produtos muito sofisticados em óxido de zircônio que poderiam resistir as oscilações rápidas de temperatura sem quebrar. Nossa segunda opção, Candidato B, tinha sido chefe do Rick, um de nossos mais respeitados engenheiros. Ele foi altamente recomendado pelo Rick.

O Candidato B havia estado na linha de frente de sua empresa, e mostrou: o rapaz tinha, literalmente, sujeira embaixo das unhas. Ele tinha acabado de fechar duas fábricas, que fabricavam produtos de cerâmica com tecnologia tradicional como óxido de alumínio em aplicações de isolamento elétrico, próximas a Erie, na Pensilvânia, para sair de contratos sindicais onerosos. Ele tinha transportado grande parte do equipamento de processo para uma cidade rural no Tennessee, onde haviam inaugurado uma nova fábrica três meses antes. Ele não possuía nível universitário.

Os gerentes seniores de nossa empresa estavam inclinados para o rapaz com unhas sujas; mas os dois investidores de risco da diretoria estavam fortemente a favor do Candidato A. Eles tinham altas expectativas para a CPS Technologies e o Candidato A foi executivo sênior em uma empresa que era o modelo do que gostaríamos de ser. Ele sabia, de dentro para fora, como uma empresa global operava o espectro de materiais de alta tecnologia de ponta. O Candidato A era responsável por, aproximadamente, 2 bilhões de dólares em vendas, globalmente. Nossos investidores de risco menosprezaram o Candidato B por conta de seu baixo histórico em tecnologia. A empresa do Candidato B era uma empresa familiar e gerava, tipicamente, receitas de apenas 30 milhões de dólares.

Por fim, decidimos pelo Candidato A, e gastamos cerca de 250 mil dólares ajudando-o a mudar de Tokyo para Boston. Ele era um bom homem, mas mal administrava o largo aumento na atividade do processo e da fábrica. Tivemos que pedir-lhe para se demitir depois de dezoito meses. Nessa altura, o Candidato B já havia conseguido outro trabalho, então tivemos que iniciar o processo de pesquisa novamente.

Naquela ocasião não tínhamos a teoria de McCall para nos dirigir — mas eu certamente desejei que tivéssemos. O Candidato A havia presidido uma operação maciça, mas que estava em um estado estacionário. Ele nunca tinha começado ou construído nada antes — e, como consequência, ele não sabia nada sobre os problemas encontrados quando se inicia uma nova fábrica e a produção em escala de um novo processo. Além disso, por causa da escala de sua operação, o Candidato A tinha um grande grupo de subordinados diretos. Ele gerenciava por meio deles, em vez de lado a lado com eles.

Quando comparamos os currículos dos candidatos, o Candidato A recebeu a aprovação unânime. Ele possuía o "material certo" — os *adjetivos* a seu respeito simplesmente eliminaram o Candidato B. Mas isso não o fez certo para nós. Se tivéssemos prestado atenção nos *verbos no passado* no currículo deles, o Candidato B teria recebido aprovação unânime — porque o currículo teria mostrado que ele tinha feito os cursos certos na escola da experiência — incluindo um seminário de pós-graduação chamado "Ampliando a tecnologia de processo do laboratório, através da escala piloto, e então escala completa". Ele havia enfrentado problemas que o resto de nós nem sabia que enfrentaríamos.

Ou, em outras palavras, ele conhecia o processo certo para a tarefa certa. Ao expressar uma preferência pelo candidato mais polido nos tornamos tendenciosos para os recursos sobre os processos. Isto foi o que descrevi nos capítulos anteriores como algo que os pais fazem, e isto é um erro muito comum. Até mesmo as grandes empresas o cometem todo o tempo. Pense, por exemplo, na história da Pandesic, uma extraordinária colaboração entre dois gigantes mundiais da tecnologia, Intel e SAP. Elas cometeram exatamente o mesmo erro que eu e meus colegas cometemos ao contratar o vice-presidente de operações errado para a CPS Technologies — apenas em maior proporção.

A Pandesic foi designada para criar uma versão de preço mais acessível do software da SAP — *enterprise resourse-planing* (planejamento de recursos empresariais), direcionado a pequenas e médias empresas. Fundada em 1997, com altas expectativas — e

100 milhões de dólares em financiamentos. Ambas, Intel e SAP decidiram escolher a dedo algumas de suas pessoas mais conceituadas para conduzir este destacado empreendimento conjunto.

Mas, apenas três anos mais tarde, foi declarado o fracasso colossal. Praticamente nada aconteceu como o planejado.

Embora seja sempre fácil tecer críticas sobre tudo o que deveria ter sido feito de modo diferente, uma coisa está clara sobre a compreensão tardia: embora as pessoas escolhidas por aquelas empresas para executar o projeto fossem altamente experientes, elas não eram as pessoas certas para a tarefa.

Pela perspectiva da teoria de McCall, o porquê disso começa a fazer sentido. Enquanto que a equipe de gerenciamento sênior da Pandesic tinha currículos estelares, nenhum deles tinha experiência no lançamento de um novo empreendimento. Nenhum deles sabia como adequar a estratégia quando a primeira não funcionou. Ninguém precisou descobrir como fazer um produto de marca nova rentável antes de fazê-lo crescer.

A equipe Pandesic foi utilizada para execução sistemática, com iniciativas com bons recursos para suas respectivas empresas de classe mundial. O que a Intel e a SAP fizeram foi escolher uma equipe capaz de administrar algo equivalente a qualquer uma das gigantes, mas não uma iniciante. Os membros da equipe não estiveram na escola certa para criar e administrar um projeto em crescimento. O que relegou a Pandesic a uma nota de rodapé nas histórias da Intel e SAP.

Planejar os Cursos na Escola da Experiência

Se você refletir sobre a teoria de McCall, passar pelos cursos certos na escola da experiência pode ajudar as pessoas em todos os tipos de situações, aumentando sua probabilidade de sucesso.

Um dos diretores executivos que mais admirei, Nolan Archibald, falou sobre esta teoria para meus alunos. Archibald teve uma carreira estelar, incluindo ser o mais jovem diretor executivo de todos os tempos de uma empresa constante na lista Fortune 500 — a Black & Decker.

Depois que se aposentou, ele conversou com meus alunos sobre como geriu sua carreira. O que ele descreveu não foram todas as fases de seu currículo, mas sim *por que* ele as trilhou, embora ele não utilizasse essa linguagem, ele construiu sua carreira se matriculando para cursos específicos nas escolas da experiência. Archibald tinha um objetivo bastante claro em mente, ser o CEO de uma empresa bem-sucedida. Mas, em vez de iniciar naquilo que a maioria das pessoas pensam ser o "certo", trampolim de empregos prestigiados para chegar lá, ele perguntou a si mesmo: "Quais são as experiências e problemas sobre os quais preciso aprender e dominar, de modo que o que sair na outra extremidade seja alguém que está pronto e seja capaz de se tornar um CEO bem-sucedido?".

Isso significou que Archibald estava preparado para fazer alguns movimentos não convencionais em seus primeiros anos de carreira — movimentos que seus colegas da escola de administração podem, aparentemente, não ter sido compreendido. Ao invés de aceitar trabalhos ou tarefas porque pareciam ser de tramitação rápida para o C-suite (nível de executivos de primeira linha), ele escolheu suas opções deliberadamente, pela experiência que proporcionariam. "Eu não tomaria jamais uma decisão com base apenas no valor salarial ou no prestígio", ele disse para meus alunos, "Em vez disso, foi sempre: isto me dará as experiências de que preciso para lutar?".

Seu primeiro emprego após a escola de administração não foi um glamoroso cargo de consultor. Em vez disso, ele trabalhou no Norte de Quebec, operando uma mina de amianto. Ele pensou que experiência particular, de gestão e liderança de pessoas em condições difíceis, poderia ser importante para começar a desenvolver a habilidade rumo a seu C-suite.

A estratégia funcionou. Não demorou muito para que ele se tornasse CEO da Beatrice Foods. E, com 42 anos de idade, ele atingiu um objetivo ainda mais nobre: foi nomeado CEO da Black & Decker. Ele permaneceu no posto por vinte e quatro anos.

Um Curso para Apenas Cinco Jogadores

Isto significa que nunca devemos contratar ou promover um gestor inexperiente que ainda não tenha aprendido a fazer o que é necessário fazer nessa atribuição? A resposta: Depende. Em uma empresa que está iniciando atividades, onde não existem processos para que as coisas sejam feitas, então, tudo o que é feito deve ser feito individualmente pelas pessoas — recursos. Nessa circunstância, seria muito arriscado selecionar alguém sem experiência para o trabalho — porque na ausência de processos que podem conduzir pessoas, pessoas experientes devem conduzir. Mas, em empresas estabelecidas, onde grande parte da orientação aos empregados é fornecida por processos, e é menos dependente de gestores com experiência detalhada, pronta e disponível, então, faz sentido contratar ou promover alguém que precise aprender da experiência.

O valor de dar experiências às pessoas antes que precisem delas aparecem em muitos setores além dos negócios. O treinador de um de meus times favoritos de basquete, enquanto eu estava crescendo, foi *motivado* apenas para ganhar e ganhar sempre. Como um de seus maiores fãs, eu adorava ver meu time acabando com os adversários com margem de trinta pontos de vantagem.

Eu sempre sabia os nomes de um ou dois jogadores do "banco" também — por que ocasionalmente entravam alguns minutos no jogo. Mas os outros jogadores que ficavam mais por baixo eram anônimos para mim — porque o treinador sempre mantinha no jogo seus cinco melhores jogadores até o final, quando ele estava seguro de que ninguém poderia vencer a ampla vantagem. Geralmente, isto significava que vencíamos por trinta e cinco em vez de vinte e cinco pontos — e, como um garoto que adorava o time, eu não poderia ficar mais feliz.

Os jogadores que ficavam no banco entravam geralmente nos últimos minutos — um ou dois minutos no final, quando não interessa o que qualquer um faça. Eu e meus amigos nos referíamos a eles como "pessoas sem valor". De algum modo, eu esqueci o fato de que eles eram jogadores brilhantes, de um dos melhores times do mundo — tão bons que dezenas de milhares de outros realmente bons jogadores não haviam conseguido fazer um buraco no time.

Entretanto, lembro-me de um jogo em particular quando eu realmente entendi as limitações da liderança do treinador para sempre ganhar grande. Como era comum, eles agiram como em um jogo do campeonato. Mas, naquele ano, o time adversário estava jogando muito bem. Nossa escalação inicial teve que trabalhar duro para conseguir a liderança que o treinador queria. No final do terceiro quarto a equipe que havia iniciado o jogo estava exausta. Lembro-me de ver o técnico pela TV. Ele olhou para todo o banco de reservas. Ele nunca se incomodou em fazer aquilo durante uma partida típica, apenas no final do jogo, quando não havia risco de derrota. Entretanto, desta vez, ele precisava de alguém para colocar no jogo naquele momento crucial. Mas, havia um problema, ele não via ninguém no banco de reservas em quem ele confiasse — porque ele jamais havia colocado um deles em uma situação tão apertada onde eles poderiam ter aperfeiçoado suas habilidades de desempenho sob pressão. Então, precisou continuar jogando com os jogadores iniciais esgotados. Eles perderam o jogo — e o campeonato da liga.

O técnico da escola de experiências não ofereceu ampla inscrição no curso de "Como lidar com a pressão". O curso foi fechado para todos, exceto para aqueles cinco jogadores iniciais. E o time pagou o preço.

Matriculando Seus Filhos na Escola Certa

Ao lembrar do seu passado, aposto que visitou várias vezes as escolas da experiência, algumas — como o progresso do time de basquete ao como lidar com a pressão — mais dolorosas que outras. Obviamente, ajudará muito se você puder desenvolver cursos que serão importantes para você se aperfeiçoar *antes* de precisar deles.

Como pai, você pode encontrar pequenas oportunidades para seu filho fazer pequenos cursos logo no início. Você está fazendo o que Nolan Archibald fez, desenvolvendo os cursos que seus filhos irão precisar para serem bem-sucedidos, e depois, a engenharia reversa das experiências certas. Incentive-os a se esforçarem para alcançar objetivos elevados. Se não tiverem sucesso, assegure-se de estar por perto para ajudá-los a aprender a lição certa: de que quando você almeja alcançar coisas grandes, é inevitável que algumas vezes não consiga fazê-lo. Incentive-os a se recomporem, sacudir a poeira e tentar novamente. Diga-lhes que se não falharem ocasionalmente, então não estão almejando alto o suficiente. Todos sabem como comemorar o sucesso, mas você deve também celebrar a falha, se ela é o resultado do esforço da criança para atingir um objetivo fora do alcance.

Isto pode ser difícil para os pais realizarem. Muito de nossa cultura social está concentrada em tentar construir a autoestima das crianças não permitindo jamais que percam um jogo, fazendo-lhes elogios apenas por tentarem o seu melhor, e recebendo comentários constantes de professores e treinadores para nunca exigir que pensem se podem fazer melhor. Desde muito cedo, muitas de nossas crianças, que participam de competições esportivas, começam a esperar por medalhas, troféus ou faixas aos finais das competições — simplesmente por participar. Aquelas medalhas e premiações acabam em uma pilha em um canto qualquer do quarto dessas crianças e, com o passar dos anos, tornam-se sem sentido para elas. Elas realmente não aprenderam nada com aquilo.

De certa forma, as premiações são realmente para os pais — frequentemente somos nós que temos que tirar o máximo proveito em ver o acúmulo de medalhas e faixas. Certamente que é melhor dar os parabéns aos nossos filhos por suas realizações do que consolá-los por uma falha. De fato, é muito tentador para muitos pais intervir para garantir que seus filhos tenham sempre sucesso. Mas o que eles ganham com isso?

Quando trabalhava com escoteiros, ao longo dos anos, sempre quis que os garotos assumissem a responsabilidade da organização de seus próprios acampamentos, em vez de deixar os pais intervirem e fazê-lo. Quando tinham que fazer isso sozinhos, eles aprendiam como planejar e organizar, como dividir responsabilidades, como se comunicar no grupo e a apreciar realmente seu próprio trabalho.

Com certeza, teria sido mais fácil permitir que os pais pudessem ajudar e dividir as tarefas da lista de coisas a fazer para cada viagem. Provavelmente estaríamos muito bem preparados para qualquer eventualidade — e os garotos teriam se divertido muito. Tudo o que teriam que fazer era aparecer. Mas teríamos negado a eles lições importantes — liderança, organização e responsabilidade.

Temos muitas oportunidades para ajudar nossos filhos a fazerem cursos na vida — e nem todos eles são bons. Muitos pais, por exemplo, encontram-se em situações que, muito provavelmente, acontecem no mundo inteiro na hora do jantar: o filho anuncia que tem um relatório enorme ou um projeto para ser entregue no dia seguinte e ele ainda nem começou a fazê-lo. A nota do relatório é importante e ninguém quer ver o filho com notas baixas. Pânico geral.

O que os pais devem fazer?

Não apenas os pais ficarão acordados até tarde ajudando os filhos a terminarem o projeto, como também muitos pais terminarão o trabalho pelos filhos, esperando que isso os ajude a conseguir uma boa nota. Todos os tipos de boas intenções estão no trabalho: eles esperam que a boa nota ajude a criança a manter sua autoestima saudável. Eles podem até mesmo pensar: "Se eu interferir para terminar isso por meu filho, pelo menos ele terá uma boa noite de sono o que o ajudará a enfrentar os desafios da escola amanhã. Terei ajudado meu filho nesse problema. Sou um pai que apoia".

Mas pense em que caminho você está oferecendo para seu filho com sua decisão de poupá-lo. Você está lhe dando o caminho das Notas penhasco; você o conduziu pela experiência de pegar atalhos. Ele vai pensar: "Meus pais estão presentes para resolver os problemas difíceis por mim. Não terei que descobrir por mim mesmo. Boas notas são mais importantes do que fazer o trabalho".

O que você acha que acontecerá da próxima vez que seu filho estiver atrasado em um projeto? Ele anunciará, na hora do jantar, que precisa de ajuda. E você se verá, novamente, terminando o trabalho dele às três da manhã.

A decisão mais corajosa dos pais é dar a seus filhos a mais difícil, porém, a mais valiosa, lição de vida. Permita que a criança veja as consequências de negligenciar uma atribuição importante. Ou ele terá que ficar acordado até tarde para terminar o trabalho, ou vai ver o que acontece quando não consegue completá-lo. E sim, aquela criança deve receber uma péssima nota. Isto deve ser mais doloroso para os pais testemunharem do que para a criança. Mas essa criança provavelmente não se sentirá bem sobre o que permitiu que acontecesse, o que é a primeira lição do curso sobre ter responsabilidade sobre si mesmo.

Cursos de Engenharia

Nossos instintos padrões são, muitas vezes, apenas para apoiar nossos filhos em um momento difícil. Porém, se nossos filhos não encararem desafios difíceis, e algumas vezes falharem ao longo do caminho, não serão capazes de construir a resiliência de que precisarão ao longo da vida. Pessoas que atingiram seu primeiro obstáculo significativo na carreira após anos de realizações ininterruptas frequentemente desmoronam.

Como pais, não queremos que isso aconteça aos nossos filhos. Você deve pensar conscientemente sobre quais habilidades deseja que seu filho desenvolva, e depois, quais experiências são apropriadas para ajudá-lo a alcançá-las. Portanto, você deve pensar em oportunidades de engenharia para seu filho ter as experiências que você acredita que irão ajudá-lo a desenvolver habilidades que precisará para a vida. Isto não será fácil, mas valerá a pena.

Uma amiga minha notou, recentemente, que a filha de oito anos tinha mais ou menos plagiado a sobrecapa do relatório do livro da escola. Ela delicadamente falou para a filha sobre achar que aquelas não eram suas palavras. "O que significa entrar 'em consonância com o pai que o abandonou'?" Ela desafiou a filha. Mas sua filha não respondeu bem. "Tudo bem, mamãe. Não importa".

Agora, essa mãe sabe que plágio é um grande problema. Ele pode descarrilar uma carreira promissora no ensino médio ou na faculdade, ou arruinar completamente um profissional. Então, ela decidiu falar com a professora para ajudá-la a criar uma experiência para a filha. Juntas, elas projetaram um momento delicado e particular para embaraçar a filha quando a professora reconhecesse o que a garota tinha feito. O que quer que a professora tenha dito, funcionou. Quando sua filha chegou da escola naquele dia, ela simplesmente foi para o computador para "editar" seu relatório — e o que surgiu foram suas próprias palavras. Não tão belamente escritas ou pensadas, mas vindas dela mesma. Minha amiga havia dado para sua filha uma experiência valiosa quando os riscos ainda não estavam altos, esperando prevenir para que o ocorrido não se repetisse no futuro, quando provavelmente importará muito mais.

Criar experiências para nossos filhos não garante que eles aprenderão o que precisam aprender. Se isso não acontecer, tente descobrir porque essa experiência não atingiu seu objetivo. Pode ser que você tenha que percorrer ideias diferentes até encontrar a certa. O importante para um pai é, como sempre, jamais desistir; nunca parar de tentar ajudar seus filhos a obterem experiências que os preparem para a vida.

Como no exemplo da contratação de nossos executivos, no início do capítulo, é tentador julgar o sucesso pelo currículo — olhando para o placar do que nossos filhos estão conseguindo. Mas, muito mais importante, a longo prazo, é que lições os nossos filhos têm adquirido à medida que vão passando pelas várias escolas da experiência. Mais do que qualquer premiação ou troféu, esta é a melhor maneira de prepará-los para o sucesso enquanto se aventuram pelo mundo.

~

Os desafios que nossos filhos enfrentam servem a um importante propósito: eles os ajudarão a afiar e desenvolver suas habilidades necessárias para o sucesso ao longo de suas vidas. Lidar com um professor difícil, fracassar em algum esporte, aprender a navegar na complexa estrutura social das panelinhas da escola — todas essas coisas se transformam em "cursos" na escola da experiência. Sabemos que as pessoas que falham em seus trabalhos o fazem, quase sempre, não porque são inerentemente incapazes de ter sucesso, mas porque suas experiências não as prepararam para os desafios do trabalho — em outras palavras, fizeram os "cursos" errados.

A tendência natural de muitos pais é concentrarem-se inteiramente em construir o currículo de seus filhos: boas notas, bem-sucedido nos esportes, e assim por diante. Entretanto, seria um erro negligenciar os cursos que seus filhos precisam para prepará-los para o futuro. Uma vez que você compreenda isso, faça um trabalho retroativo: encontre as experiências certas para ajudá-los a construir as habilidades de que precisarão para serem bem-sucedidos. Essa é uma das maiores dádivas que você pode lhes dar.

CAPÍTULO NOVE

A Mão Invisível Em Sua Família

Muitos de nós temos — ou tínhamos — uma imagem tranquila de como nossas famílias seriam. As crianças serão bem comportadas; elas nos amarão e respeitarão; vamos nos divertir muito juntos e eles nos deixarão orgulhosos quando forem para o mundo sem que estejamos ao seu lado.

E, no entanto, como qualquer pai experiente lhe dirá, desejar esse tipo de família, e realmente tê-la, são coisas muito diferentes. Uma das mais poderosas ferramentas para nos ajudar a tapar essa brecha entre a família que desejamos e a que temos é a cultura. Precisamos aprender como ela funciona, e estarmos preparados para desempenhar a difícil e exigente tarefa de influenciar o modo como ela é moldada.

~

Quando a Carruagem Passa Sobre o Monte

Como pais, compartilhamos uma preocupação em comum: quando nossos filhos terão que enfrentar uma decisão difícil, e não estaremos lá para assegurar que farão a coisa certa. Eles vão pegar um avião para um país longínquo com seus amigos. Ou vão chegar à faculdade e ter a oportunidade de trapacear em uma prova. Talvez tenham que encarar a decisão de optar por ser gentil com um completo estranho, por algo que fará uma enorme diferença no futuro dessa pessoa. Tudo que podemos fazer é esperar que, de algum modo, os tenhamos criado suficientemente bem para que possam chegar à conclusão certa, por si mesmos.

Mas a questão é: como podemos garantir que isso aconteça?

Não é tão simples como estabelecer as regras da família e esperar pelo melhor. Algo mais fundamental tem que acontecer, e deve acontecer anos antes de surgir o momento em que seus filhos sejam confrontados com uma escolha difícil. As prioridades deles devem ser estabelecidas corretamente para que possam saber como avaliar suas opções e fazerem a melhor escolha. A melhor ferramenta de que dispomos para ajudar nossos filhos a fazerem isso é por meio da cultura que construímos em nossas famílias.

As organizações e as famílias são muito parecidas nesse aspecto. Do mesmo modo que seus pais desejaram que você tomasse boas decisões, os líderes empresariais desejam assegurar que os gestores de nível intermediário e os funcionários, em toda a empresa, façam as escolhas certas todos os dias, sem requerer supervisão constante. Isto não é nada novo: já na antiga Roma, os imperadores enviavam aliados para governar os territórios recém-conquistados a milhares de quilômetros de distância. À medida que os imperadores observavam a carruagem indo por sobre os montes, sabendo que por anos não veriam novamente aquele companheiro, eles precisavam saber que as prioridades de seu substituto eram consistentes com as suas próprias, e que utilizariam métodos comprovados e aceitos para solucionar os problemas. A cultura era o único caminho para assegurar que isso acontecesse.

Como é Formada a Cultura em uma Empresa?

Cultura. Esta é a palavra que mais ouvimos em nosso dia a dia e muitos de nós a associamos com diferentes coisas. No caso de uma empresa, é comum descrever a cultura como os elementos visíveis do ambiente de trabalho: roupas casuais às sextas-feiras, refrigerantes gratuitos no restaurante, ou se é permitido trazer seu cachorro para o escritório. Mas, como explica Edgar Schein do MIT (Massachusetts Institute of Technology, Instituto de Tecnologia de Massachusetts), um dos principais estudiosos do mundo sobre a cultura organizacional, aquelas coisas não definem cultura. São apenas instrumentos dela. Um escritório onde camisetas e bermudas são permitidas também pode ser um lugar bastante hierárquico. Será que ainda assim seria considerado cultura "casual"?

Cultura é muito mais do que diretrizes e o aspecto geral do escritório. Schein definiu cultura e como ela é formada nestes termos:

> Cultura é um modo de trabalhar em conjunto para atingir objetivos comuns, que são seguidos tão frequentemente e com tanto sucesso, que as pessoas nem sequer pensam em tentar fazer as coisas de outro modo. Se uma cultura for formada, as pessoas farão, de forma autônoma, o que for preciso fazer para serem bem-sucedidas.

Aqueles instintos não são formados da noite para o dia. De preferência, são o resultado da aprendizagem compartilhada — de funcionários que trabalham juntos para resolver problemas e descobrir o que funciona. Em todas as organizações há aquele momento em que surge um problema ou desafio. "Como vamos tratar a reclamação deste cliente?" "Devemos adiar a apresentação desse produto até que sejamos capazes de passar por outra rodada de testes?" "Qual de nossos clientes é prioridade?" "Às necessidades de quem daremos atenção e a quem podemos ignorar?" "'Bom o suficiente' é um padrão aceitável para se decidir quando um novo produto está pronto para ser lançado?"

A cada ocorrência do surgimento de um problema ou uma tarefa, os responsáveis chegarão a uma decisão em conjunto sobre o que fazer e como fazer para ter sucesso. Se a decisão, e as ações associadas a ela, terminaram em um resultado bem-sucedido — por exemplo, a qualidade do produto 'bom o suficiente' agradou ao cliente — então, na próxima vez em que aqueles funcionários se deparassem com um tipo de desafio semelhante, retornariam a mesma decisão e ao mesmo modo de resolver o problema. Por outro lado, se falharam — o cliente ficou furioso e o gestor daqueles funcionários os repreendeu — eles estariam extremamente hesitantes em tomar aquela abordagem novamente. Toda vez que enfrentam um problema os funcionários não estão apenas resolvendo-o; ao resolvê-lo, estão aprendendo o que é importante. Na linguagem das habilidades nos capítulos anteriores, eles estão criando uma compreensão das prioridades no negócio, e como executá-las — os processos. Uma cultura é a combinação única de processos e prioridades dentro de uma empresa.

Enquanto a maneira que eles escolheram funcionar para resolver problemas — ela não precisa ser perfeita, mas funcionar bem o suficiente — a cultura irá crescer e tornar-se um conjunto interno de regras e diretrizes onde os funcionários da empresa se apoiarão para fazer as escolhas diante deles. Se esses paradigmas de como trabalhar em conjunto, e de que coisas devem ter prioridade sobre outras, forem utilizados com sucesso vez após vez, no final das contas, os funcionários não pararão para perguntar uns aos outros como devem trabalhar juntos. Eles *assumirão* que a maneira como têm feito é a *maneira* correta de fazer. A vantagem disso é que a empresa torna-se autogerida. Os gestores não precisam ser onipresentes para fazer cumprir as regras. As pessoas, instintivamente, farão o que precisa ser feito.

Existem muitos exemplos de empresas com culturas muito poderosas.

A Pixar, por exemplo, que é conhecida por sua alta criatividade e aclamada pela crítica pelos filmes infantis como "*Procurando Nemo*", "*Up* (Altas Aventuras)", e "*Toy Story*", pode não parecer muito diferente de outros estúdios de animação, no papel. Porém, a Pixar desenvolveu uma cultura exclusiva.

Para começar, seu *processo* criativo é muito diferente. Muitos estúdios de cinema têm um departamento de desenvolvimento para produzir ideias para os filmes, e depois, eles entregam essas ideias para os diretores para fazerem um filme. Mas a Pixar faz isso de modo diferente. Em vez de o grupo criar ideias e designá-las aos diretores para serem executadas, a Pixar identificou que os diretores ficarão naturalmente mais motivados se desenvolverem suas próprias ideias — dessa forma, se concentram em ajudar os diretores a refiná-las. A equipe de desenvolvimento fornece material diário para a construção da história, e fazem isso para cada filme em andamento na empresa. Esse processo inclui opiniões sem restrição de pessoas que não estão envolvidas com a produção de cada filme. E podem ser brutalmente honestas nessas seções. No entanto, os funcionários passaram a respeitar essa honestidade porque cada um na Pixar concorda com o mesmo objetivo: produzir filmes originais de alta qualidade. Esta é a *prioridade*. As opiniões sem retoques são valiosas porque ajudam a produzir filmes melhores.

Esses processos e prioridades se aglutinaram à cultura criativa da Pixar. Porque, trabalhando desta forma, em filme após filme, tem sido bem-sucedida. A cultura se consolidou e agora as pessoas não sentem que devem conter as críticas à história de um filme porque isso pode atrapalhar o cronograma. Elas sabem que o mais importante é produzir um grande filme.

Isto não quer dizer que o modo de trabalho em conjunto da Pixar é o correto, e que cada empresa na indústria do cinema deve trabalhar assim. Em vez disso, podemos apenas dizer que o pessoal da Pixar vem utilizando esse modo de trabalho com muito sucesso ano após ano. Agora, os funcionários nem mesmo precisam perguntar como se comportar, como tomar decisões ou como fazer a troca entre esta opção e aquela. A Pixar se tornou, de muitas formas, uma empresa de autogestão, graças a sua cultura. A administração não precisa mergulhar nos detalhes de cada decisão, porque a cultura — quase como um agente de gestão — está presente nos detalhes de cada decisão.

Enquanto os ambientes de tecnologia e competitividade permanecerem como estão hoje, a força de sua cultura é uma bênção. No entanto, se o ambiente mudar substancialmente, então, a força da cultura também irá tornar difícil mudar as coisas.

A enunciação de Schein, de como a cultura é criada, permite aos executivos criarem uma cultura para suas organizações — desde que sigam as regras. Ela começa com a definição de um problema — um que ocorra periodicamente. Em seguida, eles devem pedir a um grupo para descobrir como resolver aquele problema. Se falharem, peça para que eles encontrem a melhor forma para resolvê-lo. Contudo, uma vez que tenham tido sucesso, os gestores precisam pedir para a mesma equipe resolver o problema sempre que este ocorrer — repetidamente. Quanto mais frequentemente eles resolverem o problema satisfatoriamente, mais instintivo isso se tornará para fazê-lo da maneira que determinaram. A cultura em cada organização é formada por meio da repetição. Esse modo de fazer as coisas se transforma na cultura do grupo.

Muitas empresas veem o valor de desenvolver afirmativamente suas culturas — para que a cultura, em vez dos gestores, faça as coisas certas acontecerem. Uma vez que tenha sido apresentada ao trabalho, anote-a e fale dela sempre que possível. A Netflix, por exemplo, investiu uma grande quantidade de tempo definindo e escrevendo sua cultura — uma que pode não agradar a todos. Ela não só está disponível para os funcionários, como também está disponível gratuitamente on-line. E inclui:

- *Nenhuma política de férias: tire o quanto quiser desde que esteja fazendo um bom trabalho e cumprindo suas responsabilidades.*
- *Apenas funcionários "excelentes": fazer um trabalho "adequado" o conduzirá a obtenção de seu "generoso pacote de demissão", assim a empresa pode contratar um funcionário classe A para seu lugar.*
- *"Liberdade e responsabilidade" versus autoridade e controle: bons gestores fornecem aos seus funcionários o contexto certo no qual tomar decisões — e, então, os funcionários tomam as decisões.*

Mas a administração não pode perder tempo comunicando o que a cultura é — deve tomar decisões que estão inteiramente alinhadas com esta. Enquanto a Netflix construiu uma reputação precoce por fazer isso, não é raro ver a empresa lançar um documento sobre cultura e, em seguida, falhar completamente em viver à altura dele.

Os exemplos famosos abundam — a Enron tinha uma "Declaração de visão e valores". Ela se comprometeu a conduzir-se alinhada com quatro valores (cada um deles começando com letra maiúscula): Respeito, Integridade, Comunicação e Excelência. Respeito, por exemplo, trazia o seguinte detalhe (como divulgado no *New York Times*): "Nós tratamos os outros como gostaríamos de ser tratados. Não toleramos tratamento abusivo ou desrespeitoso. Brutalidade, crueldade e arrogância não têm lugar aqui."

Está claro que, de todo modo, desde o início a Enron não vive os valores que defende. Se você não articular a cultura — ou articulá-la, mas não reforçá-la — então a cultura ainda emergirá. Entretanto, ela será baseada nos processos e prioridades que têm sido repetidos dentro da organização, e têm funcionado.

Você pode dizer a saúde da cultura de uma empresa perguntando: "Quando confrontados com uma escolha sobre como fazer alguma coisa, os funcionários tomaram as decisões que a cultura 'queria' que eles tomassem? E a reação que receberam foi consistente com ela?" Se estes elementos não são geridos ativamente, então uma única decisão errada, ou resultado errado, pode facilmente encaminhar a cultura de uma empresa para o caminho errado.

É Assim Que Nossa Família se Comporta

O paralelo entre um negócio e a família deve ser claro. Exatamente como um gestor que deseja contar com seus funcionários para usar as prioridades para resolver problemas. Os pais também desejam estabelecer estas prioridades, assim os membros da família resolverão problemas e enfrentarão dilemas instintivamente, caso os pais estejam ou não lá para guiá-los ou observá-los. As crianças não precisarão parar e pensar o que o papai ou a mamãe querem que elas façam — elas simplesmente farão, porque a cultura de sua família manda. "É assim que nossa família se comporta."

A cultura pode ser construía conscientemente ou desenvolver-se de forma não intencional. Se você deseja que sua família tenha uma cultura com um conjunto claro de prioridades para todos seguirem, então estas prioridades precisam ser projetadas proativamente para a cultura — que pode ser construída por meio dos passos referidos acima. Ela precisa ser moldada na forma que você quer para sua família. E você deve pensar sobre isso logo no início. Se desejar que sua família tenha a cultura da gentileza, então, na primeira vez que um de seus filhos abordar um problema onde a gentileza é uma opção — ajude-o a escolhê-la, e depois, ajude-o a ser bem-sucedido por meio da gentileza. Ou se ele não a escolher, apele para ela e explique por que ele deveria ter escolhido diferente.

Isso não quer dizer que seja fácil. Primeiro: você vem para uma família com a cultura familiar na qual você nasceu e cresceu. Existe uma boa chance de que a cultura familiar de seu cônjuge tenha sido fundamentalmente diferente da sua. Só o fato de vocês dois concordarem sobre algo já é um milagre. Depois, acrescente os filhos à equação — eles nascem com suas próprias atitudes e capacidades. Sim, vai ser difícil, mas é exatamente por isso que é tão importante compreender que tipo de cultura você quer e buscá-la proativamente.

Quando ainda éramos noivos, minha esposa Christine e eu começamos com um objetivo final em mente — uma cultura familiar específica. Nós não pensávamos sobre isso em termos de cultura, mas era isso o que estávamos fazendo. Decidimos, de forma deliberada, que queríamos que nossos filhos amassem e apoiassem uns aos outros. Decidimos que queríamos que nossos filhos tivessem a capacidade para obedecer a Deus.

Decidimos que queríamos que eles fossem gentis. E, finalmente, decidimos que queríamos que amassem o trabalho.

A cultura que escolhemos é a ideal para nossa família, mas cada família deve escolher a cultura certa para si. O que importa é escolher ativamente o que interessa para você, e depois projetar a cultura para reforçar aqueles elementos, como mostra a teoria de Schein. Ela envolve a escolha de quais atividades buscar e quais resultados precisamos alcançar, para que, como uma família, quando tivermos que executar aquelas atividades novamente, todos pensemos: "Isto é como nós fazemos."

Em nosso caso, por exemplo, sabíamos que não poderíamos simplesmente mandar que nossos filhos amassem o trabalho. Em vez disso, nós sempre tentamos encontrar formas para as crianças trabalharem conosco, e fazer isso de modo divertido. Por exemplo, eu poderia não trabalhar no quintal a menos que tivesse uma, e frequentemente duas, crianças penduradas no cabo do cortador de grama. Por um bom tempo eles realmente não estavam ajudando em nada. Empurrar um cortador de grama com as crianças penduradas nele, raramente permitia que ele tocasse o chão, o que tornava o corte da grama uma tarefa nada fácil. Mas isso não importava. O que realmente importava era que isso nos permitiu definir trabalho para elas como uma coisa boa. Fizemos isso juntos. Foi divertido, por definição. E eu assegurei que elas estavam ajudando o papai, ajudando a família.

Pouco tempo depois, esse valor tornou-se enraizado na cultura de nossa família, mas não foi por mágica ou por sorte. Isso foi alcançado pela concepção ponderada de atividades, e por fazer coisas simples como cortar a grama juntos. Tentamos ser consistentes sobre as atividades, nos assegurar que as crianças sabiam por que estávamos fazendo aquilo e sempre as agradecíamos por isso.

É por essa razão que, quando olho para trás em minha vida, realmente, me sinto muito contente. Não tínhamos dinheiro suficiente para comprar uma casa perfeitamente acabada quando nossos filhos eram pequenos. Nós nos esforçamos muito para comprar a primeira casa, em ruínas, que depois não pudemos arcar com as despesas de um carpinteiro para consertá-la. Tudo o que precisava ser consertado tinha de ser feito por nós e pelas crianças. Agora, a maioria das pessoas pensaria nisso como algo trabalhoso.

Mas, de forma não intencional, tínhamos mudado nossa família para um ambiente rico em oportunidades para que trabalhássemos juntos. Tão tentador quanto isso poderia ter sido, não poderíamos terceirizar isso — nós simplesmente não podíamos pagar. Isso significou que não houve uma parede ou teto demolido, construído, rebocado ou pintado sem que as crianças estivessem nos ajudando a fazer. Aplicamos os mesmos princípios do roçado do gramado — tornando divertido e sempre agradecendo a elas. Porém, neste exemplo, houve reforço positivo adicional: cada vez que as crianças andavam por qualquer cômodo da casa, viam as paredes e diziam: "Eu pintei aquela parede." Ou "Eu lixei isto." Eles não apenas se lembravam de como tinha sido divertido fazer aquilo, mas também sentiam orgulho por ver o que haviam alcançado. Elas aprenderam a amar o trabalho.

Ao resolvermos os problemas do conserto da casa juntos, estávamos ajudando a construir a cultura familiar dos Christensen: Fazer coisas juntos, mais e mais, leva a uma compreensão mútua de quais coisas priorizamos, como resolvemos problemas, e o que realmente tem importância.

Não erre: a cultura acontece, caso você queira ou não. A questão é com que afinco você tentará influenciá-la. A formação de uma cultura não acontece em um piscar de olhos, não é algo sobre o que você possa decidir, comunicar e então esperar que, de repente, funcione por si mesma. Você precisa assegurar que quando pedir aos seus filhos para fazerem algo, ou disser para seu cônjuge que está indo fazer algo, você esteja promovendo e seguindo a cultura. Parece óbvio que muitos de nós queremos tentar ser consistentes. Mas nas pressões da vida diária, isso pode ser difícil. Haverá muitos dias em que a aplicação das regras será mais difícil para o pai do que é para o filho. Com boas intenções, muitos pais exaustos acham muito difícil permanecer consistentes com suas regras logo no início — e, inadvertidamente, permitem que uma cultura de preguiça ou de desafio se desenvolva no interior de sua família.

As crianças podem sentir "sucesso" no curto prazo obtendo o que querem espancando um irmão ou respondendo mal aos pais, que finalmente cedem a uma exigência absurda. Os pais que permitem tal comportamento estão, essencialmente, construindo uma cultura familiar — ensinando aos filhos que é deste modo que o mundo funciona e que eles podem alcançar seus objetivos do mesmo modo sempre.

Você deve trabalhar conscientemente ao longo dos anos em que seus filhos são crianças para ajudá-los a ver o "sucesso" nas coisas que você deseja que sejam parte de sua cultura. Por exemplo, quando um de nossos filhos era muito novo, fomos informados que as crianças da mesma sala dele estavam fazendo bullying com outra criança da escola, e ninguém estava fazendo nada para impedir tal comportamento. A bondade tinha sido um de nossos objetivos, mas ainda não havia se tornado parte de nossa cultura. Veio à baila então um novo lema em nossa família: "Queremos que os Christensens sejam conhecidos pela bondade." Trabalhamos o assunto em conversas e, em particular, ensinamos nosso filho como ele poderia ajudar seu colega que estava sendo intimidado. Nós o elogiamos quando ele ajudou seu colega de classe, da mesma forma que nossos outros filhos quando demonstraram bondade para com os outros. Nós fizemos da bondade parte da nossa cultura.

Com o tempo, isso teve o efeito que queríamos. Cada um de nossos filhos tornaram-se homens e mulheres verdadeiramente amáveis. Onde quer que eles estejam, em qualquer parte do mundo em que vivam, não me preocupo sobre o que farão quando confrontarem um problema. O primeiro pensamento em suas mentes será: "Queremos que os Christensens sejam conhecidos pela bondade."

Novamente, as escolhas que fizemos para a cultura de nossa família não são necessariamente certas para todos. É importante compreender como a cultura é construída, desse modo você terá a chance de criar a cultura que *você* quer. Pensando sobre isto, pode ser útil lembrar o processo pelo qual a estratégia é definida. Há planos deliberados e problemas e oportunidades emergentes. Estes competem um contra o outro no processo de alocação de recursos, para determinar quais recebem nossa maior prioridade de tempo, energia e talento. Eu observei que, no meu caso, minha profissão surgiu. Meu plano premeditado, tornar-me editor do *Wall Street Journal*, foi varrido para o lado quando surgiram outras oportunidades — inclusive minha profissão atual de professor. No entanto, sou grato por não ter permitido que o tipo de pessoa que eu queria ser fosse deixada ao acaso. Essa foi uma decisão muito ponderada.

Você deve abordar a criação de sua cultura familiar em termos semelhantes. As atividades profissionais e interesses de seus filhos precisam emergir — e, com toda a probabilidade, serão muito diferentes umas das outras. A cultura de sua família deve acolher essa diversidade. Mas eu recomendo que, para as dimensões fundamentais de sua cultura familiar, haja uniformidade. Fazer isso corretamente resultará ser uma fonte de felicidade e orgulho para cada um de vocês.

Fazer isto requer vigilância constante sobre o que é certo e errado. Para cada ação que um membro da família tome, imagine que ela acontecerá todo o tempo. Isso está bom? Mesmo algo tão simples como uma briga entre seus dois filhos que você não viu. Quando um deles vier para você chorando, como você reagirá? Você punirá automaticamente a outra criança? Você diz para a criança que está chorando parar? Você chama os dois juntos e aplica um castigo aos dois? Você diz que não vai se envolver? Se você escolher qualquer solução que pareça funcionar, então, sempre que seus filhos se depararem com o mesmo problema, saberão o que vai acontecer. Eles começarão a entender as consequências de brigarem entre si. Se você for constante, até mesmo quando estiverem brincando na casa de um amigo, aquele será o comportamento que irão carregar com eles.

E se você não for constante? No momento em que muitos pais encontram-se entrando na meia idade, com filhos adolescentes, eles percebem que permitiram que uma de suas funções mais importantes escorregasse por seus dedos. Quando deixado sem controle por muito tempo, "uma ou duas vezes" rapidamente se transforma em cultura. À medida que esses conjuntos de comportamento se incorporam à cultura familiar, torna-se muito difícil mudar.

~

Todos os pais ambicionam criar filhos que saberão fazer as escolhas certas — mesmo quando os pais não estiverem presentes para supervisionar. Um dos modos mais eficazes para isso é construir a cultura familiar certa. Ela se torna o conjunto de diretrizes informais, porém poderosas, sobre como a sua família se comporta.

À medida que as pessoas trabalham juntas para resolver repetidamente os desafios, normas começam a se estabelecer. O mesmo é verdade em nossa família: quando você se depara primeiro com um problema ou precisa fazer alguma coisa em conjunto, precisará encontrar uma solução.

Não se trata apenas de controlar o mau comportamento, trata-se de comemorar o bom. O que sua família valoriza? É a criatividade? O trabalho árduo? O empreendedorismo? A generosidade? A humildade? O que as crianças sabem que terão de fazer para ouvir de seus pais, "Bom trabalho"?

É isto que é tão poderoso em relação à cultura. Ela é como um piloto automático. O fundamental é entender que para ser uma força efetiva você tem que programar, apropriadamente, o piloto automático — você tem que construir a cultura que deseja em sua família. Se, conscientemente, você não a construir e reforçar desde os primeiros estágios de sua vida familiar, uma cultura ainda se formará — mas se formará de maneiras que você pode não gostar. Permitir que seus filhos se deem bem com um comportamento preguiçoso e desrespeitoso algumas vezes, iniciará o processo para tornar isso sua cultura familiar. Da mesma forma que dizer a eles que tem orgulho deles quando trabalham duro para resolver um problema. Embora seja difícil para um pai ser constante sempre e lembrar-se de dar aos filhos opiniões positivas quando fazem algo certo, são nessas interações diárias que sua cultura está sendo estabelecida. E, uma vez que isso aconteça, é quase impossível mudar.

SEÇÃO III

~

Ficar Fora da Prisão

"A estrada mais segura para o inferno é aquela gradual — o declive suave, piso macio, sem curvas acentuadas, sem marcos de referência, sem sinalização."

— *C. S. Lewis*

ATÉ ESTE PONTO do livro, demonstrei a você numerosas teorias para ajudá-lo a enfrentar os desafios que você encontrará na busca da felicidade em sua carreira e vida.

Mas na seção final do livro, por que usar apenas uma teoria para falar sobre viver uma vida íntegra. Em muitos aspectos é bem simples. Esta seção é intencionalmente curta, mas creio que é igualmente poderosa e aplicável universalmente.

Não posso antecipar todas as circunstâncias e dilemas morais que encontrará ao longo de sua vida. Os seus serão diferentes dos de qualquer outra pessoa. O que ofereço aqui é uma teoria chamada "pensamento total versus marginal" que irá ajudá-lo a responder nossa pergunta final: Como posso ter certeza que vivo uma vida de integridade?

CAPÍTULO DEZ

Só Dessa Vez...

Muitos de nós pensamos que as decisões éticas importantes de nossa vida serão entregues com um letreiro em néon vermelho piscando o aviso: CUIDADO: DECISÃO IMPORTANTE À FRENTE. Não importa quão ocupados estejamos ou que consequências podem ter. Quase todos estão certos de que naqueles momentos de verdade, ele ou ela fará a coisa certa. Afinal, quantas pessoas você conhece que acreditam não ter integridade?

O problema é, a vida nem sempre funciona desse jeito. Não existe sinal de alerta. Em vez disso, muitos de nós enfrentarão uma série de pequenas decisões diárias que raramente parecem ter um alto risco anexo. Mas, ao longo do tempo, podem representar muito mais perigo.

Isto acontece exatamente do mesmo modo nas empresas. Nenhuma empresa determina se deixar ser atacada por seus concorrentes. Pelo contrário, são decisões aparentemente inócuas que foram tomadas anos antes que levam as empresas para esse caminho. Este capítulo irá explicar como esse processo acontece, assim você pode evitar cair na armadilha mais encantadora de todas.

~

A Armadilha do Pensamento Marginal

Nos Estados Unidos, no final de 1990, a Blockbuster dominava a indústria do aluguel de filmes. Ela tinha lojas em todo o país, uma vantagem significativa no tamanho, e o que parecia ser o controle total do mercado. A Blockbuster fez investimentos gigantescos em seu estoque para todas as suas lojas. Porém, obviamente, ela não ganhou dinheiro com os filmes nas prateleiras. Apenas quando um cliente alugava um filme e um funcionário registrava a saída do filme da loja para o cliente é que a Blockbuster ganhava alguma coisa. Ela, por conseguinte, precisava que o cliente assistisse ao filme rapidamente para devolvê-lo rápido também. Assim o funcionário poderia alugar o mesmo DVD para outro cliente, e assim repetidamente. Para estimular os clientes a devolverem os DVDs rapidamente, a empresa cobrava grandes multas por dia de atraso na devolução dos DVDs — se a Blockbuster não fizesse isso, não ganharia dinheiro, porque o DVD ficaria na casa do cliente em vez de ser alugado por mais alguém. Não demorou muito para a Blockbuster perceber que as pessoas não gostavam de devolver os filmes, assim, ela aumentou tanto as multas por atraso que os analistas estimaram que 70% do lucro da Blockbuster vinha dessas multas.

Contrapondo este pano de fundo, surgiu do nada uma pequena empresa chamada Netflix, emergindo na década de 1990, com uma ideia original: em vez de fazer as pessoas virem até a locadora de filmes, por que não enviamos os DVDs pelo correio para elas? O modelo de negócios da Netflix obteve lucro exatamente no caminho inverso da Blockbuster. Os clientes da Netflix pagavam uma taxa mensal — e a empresa ganhava dinheiro quando os clientes *não* assistiam aos DVDs que tinham encomendado. Durante todo o tempo que os DVDs ficavam na casa do cliente sem serem assistidos, a Netflix não tinha que pagar a postagem de devolução — ou enviar o próximo lote de filmes, cuja taxa mensal o cliente já havia pago para receber.

Esse foi um movimento ousado: a Netflix era o perfeito Davi indo contra o Golias do setor de locação de filmes. A Blockbuster possuía bilhões de dólares em ativos, dezenas de milhares de funcionários e 100% de reconhecimento da marca. Se a Blockbuster decidisse que queria seguir nesse novo mercado, ela teria os recursos para tornar muito difícil a vida da recém-criada.

Mas ela não fez isso.

Até 2002, a nova empresa estava mostrando sinais de potencial. Ela tinha 150 milhões de dólares em receitas e uma margem de lucro de 36%. Os investidores da Blockbuster estavam começando a ficar nervosos — claramente, havia algo que a Netflix estava fazendo. Muitos pressionaram o diretor executivo para examinar mais de perto o mercado.

Foi o que a Blockbuster fez. Quando comparou seus números com os da Netflix, os gestores da Blockbuster concluíram: "Por que nos preocupamos? O mercado que a Netflix estava perseguindo era menor; ele poderia ficar maior, mas não estava claro quão grande ele tinha potencial para ser. De qualquer forma, o mais perturbador para os gestores da Blockbuster era que as margens de lucro da Netflix eram substancialmente menores do que as da Blockbuster costumavam ser. E, se a Blockbuster decidisse atacar a Netflix, e se fosse bem-sucedida nisso, seria mais provável que seus esforços consumissem as vendas das lojas muito lucrativas da Blockbuster. "Obviamente, prestamos atenção na forma como as pessoas adquirem entretenimento doméstico. Sempre olhamos para todas essas coisas", é como um porta-voz da Blockbuster que reagiu a estas preocupações em um comunicado à imprensa em 2002. "Não vimos um modelo de negócios que seja viável financeiramente a longo prazo nessa área. Serviços de aluguel online estão 'a serviço de um nicho de mercado'."

Por outro lado, a Netflix achava que esse mercado era fantástico. Ela não precisou compará-lo a um negócio existente e lucrativo: sua linha de base não era lucro. Comparada a outra, a Netflix estava muito feliz com sua margem de lucro relativamente baixa e seu "nicho de mercado".

Então, quem estava certo?

Até 2011, a Netflix tinha quase 24 milhões de clientes. E a Blockbuster? Ela declarou falência um ano antes.

A Blockbuster seguiu um princípio que é ensinado em todo curso básico de finanças e economia: que ao avaliar investimentos alternativos, devemos ignorar o custo passado e o custo fixo (custos já incorridos) e, ao contrário basear as decisões sobre os custos marginais e receitas marginais (os novos custos e as novas receitas), que implicam cada alternativa.

Mas essa é uma forma perigosa de pensar. Quase sempre, tal análise mostra que os custos marginais são baixos, e os lucros marginais são altos em comparação ao custo cheio. Esta doutrina influencia as empresas a potencializarem o que usaram para serem bem-sucedidas no passado, em vez de guiá-las para a criação de habilidades das quais precisarão no futuro. Se soubéssemos que o futuro poderia ser igual ao passado, tal abordagem seria excelente. Porém, se o futuro é diferente — e quase sempre é — então esta é a coisa errada a fazer.

A Blockbuster olhou para o negócio de DVDs via correio usando uma lente marginal: ela pode apenas ver isto do vantajoso ponto de seu próprio negócio já existente. Quando visto dessa forma, o mercado que a Netflix estava seguindo não parecia atrativo. Pior, se a Blockbuster seguisse a Netflix com sucesso, este novo negócio provavelmente mataria o negócio existente da Blockbuster. Nenhum diretor executivo quer dizer aos acionistas que deseja investir para criar um novo negócio que será responsável por aniquilar o negócio existente, especialmente se este novo negócio for menos lucrativo. Quem faria isso?

A Netflix, por outro lado, não teve essas preocupações. Não havia nada que a influenciasse negativamente — nenhum pensamento marginal. Ela avaliou a oportunidade utilizando uma folha de papel completamente em branco. Não precisou se preocupar em manter lojas já existentes ou sustentar margens existentes; ela não tinha nenhuma. Tudo o que a Netflix viu foi uma enorme oportunidade... exatamente a mesma oportunidade que a Blockbuster deveria ter visto, mas não pôde.

O pensamento marginal fez com que a Blockbuster acreditasse que a alternativa de não buscar o mercado postal de DVDs era continuar alegremente a fazer o que tinha feito antes, com margens de 66% e bilhões de dólares em ganhos. Porém, a alternativa real para não seguir a Netflix foi, de fato, a falência. O modo correto de olhar para esse novo mercado era não pensar: "Como podemos proteger nosso negócio já existente?" Em vez disso, a Blockbuster deveria ter pensado: "Se não tivéssemos um negócio, como poderíamos construir melhor um novo? Qual seria a melhor forma de servirmos nossos clientes?" A Blockbuster não pôde fazer isso a si mesma, de modo que a Netflix fez em seu lugar. E quando a Blockbuster declarou falência em 2010, o negócio que ela tinha sido tão ávida em preservar pelo uso da estratégia marginal, perdeu-se de qualquer forma.

É assim que isso quase sempre termina. Porque o fracasso está quase sempre no final do pensamento marginal, nós terminamos pagando o custo total de nossas decisões, não o custo marginal, quer gostemos disso ou não.

Você Acaba Pagando o Preço Integral de Qualquer Maneira

Outro exemplo bastante famoso do poder destrutivo do pensamento marginal é a indústria do aço. A U.S. Steel, um dos maiores fabricantes de aço do mundo, assistiu seu concorrente, a Nucor Steel, encontrar novos mercados de nível inferior na indústria do aço. A Nucor foi bem-sucedida na obtenção de uma vantagem nesse mercado pelo uso de tecnologia de baixo custo em comparação a que os fabricantes tradicionais tinham para produzir aço, em novos tipos de fábricas chamadas "mini usinas".

À medida que a Nucor começou a corroer o mercado da U.S. Steel, um grupo de engenheiros da U.S. Steel se reuniu e concluíram que se a U.S. Steel quisesse sobreviver, ela teria que construir o mesmo tipo de usinas de aço que a Nucor tinha. Desse modo, ela poderia criar produtos de aço a um custo muito baixo, permanecendo competitiva contra a Nucor. Então os engenheiros formaram um plano de negócios que demonstrava que os lucros da U.S. Steel, por tonelada, aumentaria o sêxtuplo na nova fábrica.

Todos concordaram que era um plano promissor... todos, exceto o diretor financeiro. Quando ele viu que o plano envolvia gastar dinheiro na construção das novas usinas, colou um freio dizendo: "Por que devemos construir uma nova usina? Temos 30% de capacidade excedente em nossas usinas já existentes. Se vocês querem vender uma tonelada extra de aço, façam isso nas usinas existentes. O custo marginal para produção de uma tonelada adicional em nossas usinas existentes é tão baixo que o lucro marginal é quatro vezes maior em comparação a construirmos uma mini usina completamente nova."

O diretor financeiro cometeu o erro do pensamento marginal. Ele não enxergou que utilizando a fábrica existente eles não estavam mudando, de modo algum, o custo básico da fabricação do aço. Construir uma usina completamente nova teria tido um custo de antemão, mas depois teria dado à companhia uma nova e importante capacidade para o futuro.

Estes estudos de caso me ajudaram a resolver um paradoxo que surgiu repetidamente em minhas tentativas para ajudar a estabelecer empresas que são confrontadas por concorrentes contestadores — como foi o caso da Blockbuster e da U.S. Steel. Uma vez que os executivos compreenderam o perigo que o concorrente contestador propôs, eu poderia dizer: — Certo. Agora o problema é que sua força de vendas não será capaz de vender esses produtos contestadores. Eles precisam ser vendidos para clientes diferentes, para objetivos diferentes. Você precisa criar uma força de vendas diferente.

Inevitavelmente eles retrucariam: — Clay, como você é ingênuo. Você não tem ideia de quanto custa criar uma nova força de vendas. Nós precisamos otimizar nossa equipe de vendas atual.

Ou eu poderia dizer: — Sabe aquela sua marca? Ela não vai funcionar nesse novo produto. Você precisa desenvolver uma nova marca.

A resposta deles seria a mesma: — Clay, você não tem ideia de como é caro criar uma nova marca a partir do zero. Nós precisamos otimizar uma de nossas marcas já existentes.

A linguagem do concorrente contestador foi completamente diferente: — É hora de criar uma nova força de vendas, e, — É hora de desenvolver uma nova marca.

Então o paradoxo: Por que é que as empresas grandes e estabelecidas, que têm muito capital, acham essas iniciativas caras? E por que as empresas que estão iniciando no mercado, com menos capital, as consideram óbvias?

A resposta está na teoria do custo marginal versus o custo total. Sempre que o executivo de uma empresa de renome precisa tomar uma decisão sobre investimento, existem duas alternativas no cardápio. A primeira é o custo total de fazer algo completamente novo. A segunda é otimizar o que já existe, desse modo você só precisa agregar o custo marginal e a receita. Quase sempre, a justificação do custo marginal subjuga o custo total. Em contraste, para o que está começando no mercado, não existe o item custo marginal no cardápio. Se fizer sentido, então se opta pela alternativa do custo total. Porque eles são novos na cena, de fato, o custo total *é* o custo marginal.

Quando há concorrência, e esta teoria motiva as empresas estabelecidas a continuarem a usar o que elas já tem no lugar, elas pagam muito mais do que o custo total — porque a empresa perde sua competitividade.

Como Henry Ford uma vez expressou: "Se você precisa de uma máquina e não a compra, então você acabará por descobrir que pagou por ela e não a teve."

Pensar em base marginal pode ser muito, muito perigoso.

Um Fluxo Interminável de Circunstâncias Atenuantes

O argumento do custo marginal se aplica do mesmo modo na escolha do certo e errado: isso aborda a terceira questão que discuto com meus alunos. De como viver uma vida de integridade — e ficar fora da prisão. O custo marginal de fazer algo "só dessa vez" parece ser sempre insignificante, mas o custo total será *muito* mais elevado. Ainda que inconscientemente, empregaremos naturalmente a doutrina do custo marginal em nossas vidas. Uma voz em nossa mente diz: "Olhe, eu sei que, como regra geral, a maioria das pessoas não deveria fazer isso. Mas, nessas circunstância atenuante em particular, só dessa vez, tudo bem." E a voz em nossa mente parece estar certa. O preço de fazer algo errado "só dessa vez" geralmente parece sedutoramente baixo. Isto suga você, e você não vê para onde aquele caminho o está conduzindo no final das contas, ou o custo total que aquela escolha acarreta.

Os últimos anos têm oferecido muitos exemplos de pessoas, que eram extremamente bem respeitadas por seus colegas e pares, e caíram em desgraça porque cometeram esse erro. A esfera política está cheia de lixo com os exemplos de pessoas no auge de sua gestão sendo pegas fazendo algo que jamais deveria ter passado por suas mentes quando decidiram que queriam servir o país. Escândalos envolvendo transações efetuadas com base em informações privilegiadas têm abalado quase toda geração de titãs de Wall Street. Grande número de atletas, que foram louvados por jovens no mundo todo, pegos abusando de esteroides ou demonstrando comportamento pessoal vergonhoso e, como resultado, perdendo toda sua carreira. Campeões olímpicos despojados de seus títulos, suas medalhas devolvidas. Repórteres dos principais jornais nacionais foram pegos fabricando, escandalosamente, detalhes em artigos, em meio a altas expectativas e pressão dos prazos para conseguir grandes histórias. Todas essas pessoas certamente começaram suas carreiras com uma paixão verdadeira por aquilo que estavam fazendo. Nenhum jovem atleta em ascensão imagina que ele ou ela precisará achar um meio de trapacear para ficar no topo. Os atletas acreditam que podem trabalhar arduamente para conquistar seu sucesso. Mas, então, se deparam com aquela primeira oportunidade para tentar algo que poderá ajudá-los a obter uma vantagem.

Só dessa vez...

Nick Leeson, o operador de vinte e seis anos de idade, que ficou famoso por derrubar o banco mercantil britânico Barings em 1995, após ter acumulado 1,3 bilhões de dólares em perdas operacionais antes de ser descoberto, sofreu exatamente este destino e conta, de modo eloquente, como o pensamento marginal o levou por um caminho inconcebível. Em retrospecto, tudo isto começou com um pequeno passo: um erro relativamente pequeno. Mas ele não queria admitir isso. Em vez disso, ele encobriu o erro escondendo a perda em uma conta de operações pouco observada.

Isso o levou cada vez mais para o fundo, em um caminho de fraude. Ele fez uma série de apostas tentando recuperar as perdas — mas, em vez de pagar a dívida integralmente, ele tornou o problema ainda pior. Mentiu para encobrir mentiras, forjou documentos, enganou auditores e fez declarações falsas para tentar esconder o montante cada vez maior de suas perdas.

Eventualmente ele chegou ao momento do acerto de contas. Ele foi preso no aeroporto, na Alemanha, tendo escapado de sua casa em Cingapura. À medida que o Barings percebeu a extensão do débito de Leeson, foi forçado a declarar falência. O banco foi vendido para o ING por apenas uma libra. Mil e duzentos funcionários do banco perderam seus empregos, alguns dos quais eram seus amigos. E Leeson foi sentenciado a seis anos e meio de prisão, em Cingapura.

Como poderia o fato de esconder um erro de seus chefes terminar levando à ruína um banco comercial de 233 anos de fundação, uma condenação e prisão por fraude, e, finalmente, o fim de seu casamento? É quase impossível ver onde Leeson terminaria a partir do vantajoso ponto de onde ele começou — mas este é o perigo do pensamento marginal.

"O que eu queria... era o sucesso." Declarou para a BBC. Sua motivação não era ficar rico, disse ele, mas continuar sendo visto como um sucesso. Quando seu primeiro erro de operação ameaçou aquela percepção, ele iniciou a descida pelo caminho que o levaria até uma cela na prisão de Cingapura. Ele não tinha como saber que era onde tudo iria terminar, mas, tão logo ele deu o primeiro passo, já não havia um limite onde, de repente, fazia sentido dar meia volta. O próximo passo é sempre o menor, e dado o que você já fez, por que parar agora? Leeson descreveu o sentimento de caminhar por essa estrada escura: "[Eu] queria gritar aos quatro ventos... é essa a situação, existem perdas gigantescas, quero que isso pare. Mas, por alguma razão, você é impedido de fazer isso."

Esse é o perigo do pensamento marginal, de fazer algo só dessa vez, de aplicar apenas as suas regras na maioria do tempo. Você não pode. Estou certo de que Leeson poderia ter imaginado as consequências de confessar francamente seu erro inicial, os pensamentos dolorosos que poderia ter tido. Os custos de pegar a estrada certa são sempre claros como ela. Mas os custos de pegar a estrada errada — aquela que Leeson pegou — não parecem tão ruins no começo. Não havia como Leeson imaginar que encobrir aquele pequeno erro poderia resultar em perder tudo que ele mais valorizava em sua vida — sua liberdade, seu casamento e sua carreira. Mas é exatamente isso que acaba acontecendo.

100% do Tempo é Mais Fácil que 98% do Tempo

Muitos de nós estamos convencidos de que somos capazes de quebrar nossas própria regras "só dessa vez." Em nossas mentes podemos justificar essas pequenas escolhas. Nenhuma daquelas coisas, quando elas acontecem a primeira vez, parecem com uma decisão que mudará a vida. Os custos marginais são quase sempre baixos. Mas cada uma daquelas decisões podem desdobrar-se em algo muito maior, transformando-o no tipo de pessoa que você nunca desejou ser. Aquela intuição para usar apenas os custos marginais escondem de nós o verdadeiro custo de nossas ações.

O primeiro passo para baixo, nesse caminho, é dado com uma pequena decisão. Você justifica todas as pequenas decisões que preparam o caminho para as grandes decisões e, então, quando você chega à grande decisão ela já não parece tão grande assim. Você não faz ideia da estrada onde está até erguer os olhos e ver que chegou a um destino que teria considerado impensável.

Vim a entender o perigo potencial do "só dessa vez" em minha própria vida, quando estava na Inglaterra, jogando no time principal de basquetebol, representando minha universidade. Foi uma experiência fantástica, tornei-me amigo íntimo de todo o time. Nós nos destruíamos a cada temporada, e nosso trabalho duro valeu a pena — nós percorremos todo o caminho até as finais do torneio britânico, equivalente ao torneio da NCCA (National Collegiate Athletic Association, Associação Atlética Universitária Nacional).

Mas quando eu soube que o jogo do campeonato estava programado para ser jogado num domingo, isso foi um problema.

Aos dezesseis anos, eu tinha feito um voto a Deus que jamais jogaria aos domingos, porque o domingo é o nosso Sabbath. Então, depois das finais do torneio, fui ao treinador e expliquei minha situação. Ele era descrente. — Não sei no que você acredita, ele me disse, mas eu acredito que Deus vai entender. Meus colegas do time também estavam surpresos. Eu era o pivô titular e, para tornar as coisas ainda mais difíceis, o reserva tinha deslocado o ombro no jogo da semifinal.

Todos no time vieram me dizer: — Você tem que jogar. — Você não pode quebrar essa regra, só dessa vez?

Era uma decisão difícil a tomar. O time poderia ter prejuízo sem mim. Os caras do time eram meus melhores amigos. Tínhamos sonhado com isso o ano inteiro.

Sou um homem profundamente religioso, então me retirei para orar sobre o que eu deveria fazer. Assim que ajoelhei para orar, tive um sentimento bastante nítido de que eu deveria manter meu compromisso. Então, disse ao treinador que eu não estaria disponível para o jogo final do campeonato.

De muitas formas, aquela era uma pequena decisão — envolvendo um dos vários domingos de minha vida. Teoricamente, é claro que eu poderia ter ultrapassado a linha só daquela vez, e não fazer mais isso depois. Mas, olhando novamente para a situação, compreendo que resistir a tentação de "só nessa circunstância atenuante, só dessa vez, tudo bem", provou ser uma das mais importantes decisões da minha vida. Por quê? Porque a vida é apenas um fluxo interminável de circunstâncias atenuantes. Tivesse eu ido longe demais aquela única vez, eu teria feito isso de novo e de novo nos anos que se seguiram.

E acabou que meus companheiros de time não precisaram de mim. De qualquer forma, eles ganharam o jogo.

Se você ceder ao "só dessa vez", com base em uma análise de custo marginal, você irá se arrepender no final. Essa é a lição que aprendi: É mais fácil manter seus princípios 100 por cento do tempo do que mantê-los 98 por cento do tempo. O limite — sua linha moral pessoal — é poderosa, porque você não a ultrapassa. Se você justificou ultrapassá-la uma vez, não há nada que o faça parar de fazer isso novamente.

Decida o que você apoia, e então, apoie isso todo o tempo.

~

Quando uma empresa se depara com fazer um investimento em inovações futuras, ela geralmente esmiúça os números para decidir o que fazer a partir das expectativas de suas atividades existentes. Com base em como aqueles números se comportam ela pode decidir abrir mão do investimento, se o lucro marginal não vale o custo marginal da realização do investimento. Mas existe um grande erro enterrado nesse pensamento.

E essa é a armadilha do pensamento marginal. Você pode ver os custos imediatos do investimento, mas é realmente difícil ver com precisão os custos do não investimento. Quando você decide que o lado positivo do investimento em um novo produto não é suficientemente substancial, enquanto você ainda possui um produto perfeitamente aceitável, você não está levando em consideração o futuro onde alguém trará o produto ao mercado. Você está supondo todo o resto — em especial, o dinheiro que ganha com o produto antigo — permanecerá para sempre exatamente como tem sido até agora. Uma empresa pode não ver qualquer consequência dessa decisão, por algum tempo. Ela pode não ser "apanhada" no curto prazo, se um concorrente não chegar na frente. Mas, a empresa que toma todas as suas decisões através das lentes do custo marginal pagará, eventualmente, o preço. Muitas vezes, é isso que faz com que as empresas bem-sucedidas se abstenham de investir em seu futuro e, finalmente, fracassem.

O mesmo é verdadeiro para as pessoas também.

O único modo de evitar as consequências de concessões morais desconfortáveis em nossa vida é nunca começar a fazê-las, em primeiro lugar. Quando o primeiro passo para o caminho errado se apresentar, dê meia volta e siga por outro caminho.

EPÍLOGO

~

À finalidade e à missão do negócio são tão raramente dados pensamentos adequados que estas, talvez, sejam as causas mais importantes para a frustração e o fracasso (empresarial).

— Peter F. Drucker

A Importância do Propósito

Algumas semanas antes do final do semestre de outono, em 2009, descobri que eu tinha um câncer semelhante ao que havia matado meu pai. Contei para meus alunos, incluindo o fato de que o câncer poderia não responder as terapias disponíveis. Por muitos anos, eu havia usado minha última aula para discutir com meus alunos as mesmas questões sobre suas vidas que propus para você neste livro. Por mais que eu tentasse, porém, meu sentimento era o de que, antes, a melhor metade dos meus alunos tinha deixado essa aula com uma séria intenção de mudança. A outra metade, com a segurança de que os tópicos eram relevantes para outras pessoas, não para eles.

Para aquela aula, naquele dia em 2009, eu queria todos eles. Queria que *sentissem* quão importante era pensar sobre a vida diante deles. Na medida em que discutíamos juntos as teorias, como aplicá-las às suas vidas e à minha, nossa conversa era, de fato, mais poderosa do que jamais havia sido.

A razão, creio eu, é que demorou algum tempo na aula para discutirmos quão essencial é articular o propósito de nossas vidas.

Se querem um ou não, toda empresa tem um propósito — ele repousa nas prioridades da empresa e, efetivamente, molda as regras pelas quais os gestores e funcionários decidem o que é mais importante em cada situação única. Em muitas empresas, o propósito veio por meio de uma estratégia de entrada *emergente*, na qual determinados gestores e funcionários poderosos acreditam que a empresa está lá somente para ajudá-los, enquanto indivíduos, a alcançar suas finalidades pessoais — quaisquer que elas sejam. Para aquelas pessoas, a empresa existe essencialmente para ser usada. As empresas com tal propósito *de facto* geralmente desaparecem — e, muito rapidamente, a empresa, seus produtos e seus líderes são esquecidos.

Mas, se a empresa tem um propósito claro e convincente, seu impacto e legado podem ser extraordinários. O propósito de uma empresa servirá como um farol, concentrando a atenção dos funcionários naquilo que realmente interessa. E esse propósito permitirá a empresa sobreviver a qualquer gestor ou funcionário. Apple, Disney, as escolas KIPP (escolas licenciadas nas áreas pobres nas redondezas dos centros das cidades, e que apresentam resultados notáveis), e o Hospital Aravind Eye (um hospital para cirurgias oftalmológicas na Índia, que atende mais pacientes do que qualquer outro hospital para doenças oftalmológicas no mundo), são exemplos disto.

Sem um propósito, o valor para executivos de qualquer teoria de negócios seria limitado. Mesmo quando a teoria é capaz de predizer os resultados possíveis de uma importante decisão. Em que base estariam os executivos decidindo entre si para determinar qual o *melhor* resultado? Por exemplo, se eu tivesse apresentado minha teoria disruptiva para Andy Grove e para o General Shelton sem que houvesse um entendimento claro do propósito de suas respectivas organizações, eu teria sido um pouco mais do que um facilitador de opiniões. O propósito foi o ingrediente principal que os conduziu na aplicação da teoria.

De modo semelhante, para maximizar o valor dos conselhos neste livro, você deve ter um propósito em sua vida. Por essa razão, quero descrever para você o melhor processo que conheço para desenvolver um propósito, e ilustrá-lo com o exemplo de como usei esse processo em minha própria vida. O meu foi um processo rigoroso e recomendo que o seu também seja.

As Três Partes do Propósito

A declaração de propósito de uma empresa necessita de três partes. A primeira é o que chamarei de *imagem*. Por analogia, um mestre da pintura, com frequência, criará uma imagem a lápis do que já imaginou em sua mente, antes de tentar criá-la a óleo. A imagem de uma empresa é o que os principais líderes e funcionários querem que a empresa se torne no final do caminho em que eles estão. A palavra *imagem* é importante aqui, porque ela não é algo que os funcionários "descobrirão", com euforia, o que a empresa se torna em algum ponto no futuro. Em vez disso, a imagem é o que os gestores e funcionários esperam, de fato, ter construído quando atingem cada etapa importante em sua jornada.

Segundo, para um propósito ser útil, os funcionários e executivos precisam ter um *comprometimento* profundo — quase uma conversão — com a imagem que estão tentando criar. O propósito não pode começar e terminar no papel. Porque questões exigindo respostas sobre prioridades emergirão repetidamente de formas imprevisíveis. Funcionários sem essa conversão profunda acharão que o mundo ajustará a imagem, onda após onda de circunstâncias atenuantes.

A terceira parte do propósito da empresa é uma ou um pequeno número de *medidas* pelas quais os gestores e funcionários podem mensurar seu progresso. Essas medidas habilitam qualquer um ligado a empresa a aferir seu trabalho, mantendo-se em movimento conjunto, de modo coerente.

Essas três partes — imagem, comprometimento e medidas — englobam o propósito de uma empresa. As empresas que aspiram um impacto positivo não devem jamais deixar seu propósito mudar. Propósitos dignos raramente surgem ao acaso. O mundo está repleto de miragens, paradoxos e incertezas para se deixar o propósito nas mãos do destino. O propósito deve ser *deliberadamente* concebido e escolhido, e então, perseguido. No entanto, quando tudo está no lugar, o *modo* como a empresa chega lá é tipicamente emergente — à medida que as oportunidades e desafios emergem e são perseguidos. Os maiores líderes empresariais estão conscientes do poder do propósito para ajudar suas empresas a deixarem sua marca no mundo.

O mesmo também é verdade para os líderes fora da esfera dos negócios. Pessoas que lideraram movimentos por mudanças, como Mahatma Gandhi, Martin Luther King e o Dalai Lama, tiveram um extraordinário senso de propósito. Assim também as organizações sociais que têm lutado para fazer do mundo um lugar melhor, como os Médicos sem Fronteiras, a World Wildlife Fund (Fundo Mundial para a Vida Selvagem) e a Anistia Internacional.

Mas o mundo não "emitiu" um propósito convincente e gratificante para eles. E, infelizmente, também não emitirá um para você. O tipo de pessoa que você quer se tornar — qual é o propósito da sua vida — é muito importante para deixar ao acaso. Ele precisa ser concebido deliberadamente, escolhido e gerenciado. As oportunidades e desafios em sua vida, que permitirão que você se torne aquela pessoa, serão, pela própria natureza deles, emergentes.

Tenho um profundo respeito pelo processo emergente pelo qual a estratégia se aglutina — e, como uma consequência, *como* eu tenho perseguido meu propósito tem se desenvolvido passo a passo. Por vezes, crises e oportunidades não previstas têm sido como um impulso positivo à medida que trabalho em direção ao meu propósito. Em outros tempos, eles teriam sido obstáculos a minha frente. Fico feliz por não ter sido tão rígido sobre *como* poderia alcançar meu propósito.

Tentei definir o propósito de minha vida e tenho ajudado a alguns amigos e ex-alunos a fazerem isso para si mesmos. A compreensão das três partes que compõe o propósito da minha vida — imagem, compromisso e medidas — é o caminho mais confiável que conheço para definir, para si mesmo, qual é seu propósito, e vivê-lo em todos os dias da sua vida.

Por fim, lembre-se que isso é um processo, não um acontecimento. Demorei anos para compreender totalmente meu próprio propósito. Mas a jornada valeu a pena. Com base nesses fundamentos, vou compartilhar como compreendi meu propósito.

A Pessoa Que Quero Ser

A imagem — a pessoa que quero ser — foi a mais simples das três partes, e foi, em grande parte, um processo intelectual.

Para mim, o ponto inicial foi minha família. Da mesma forma que será para muitos. Eu fui muito beneficiado com valores familiares fortes, prioridades e cultura. Nasci em uma família maravilhosa e, enquanto crescia, meus pais tinham uma fé profunda. O exemplo e encorajamento deles foi poderoso. Eles plantaram a semente da fé dentro de mim. Contudo, foi aos vinte e quatro anos que comecei a conhecer essas coisas por mim mesmo.

Estas duas partes de minha vida foram, para mim, fontes muito rica, de inspiração para minha imagem. Estava usando o que havia aprendido com minha família, e sobre escrituras e oração, para compreender que tipo de pessoa eu queria ser — o que, para mim, também incluía o tipo de pessoa que Deus queria que eu fosse.

Por fim, sou um homem experiente. Creio verdadeiramente que a administração está entre as profissões mais nobres, desde que bem exercida. Nenhuma outra profissão oferece tantas formas de auxiliar as pessoas a aprenderem e a crescerem, assumirem responsabilidades e serem reconhecidas por suas realizações e contribuições para o sucesso da equipe. E, decisivamente, me pautei sobre esse aprendizado para moldar minha imagem.

E, dessas partes de minha vida, destilei a imagem que queria ter:

- *Um homem dedicado a ajudar a melhorar a vida de outras pessoas;*
- *Um marido, pai e amigo bondoso, honesto, perdoador e altruísta;*
- *Um homem que simplesmente não só acredita em Deus, mas que crê em Deus.*

Reconheço que muitos de nós podem chegar a conclusões parecidas, quer com base em crenças religiosas ou não, sobre a imagem que aspiramos ter. Este é um modo de estabelecer objetivos para si mesmo — os mais importantes você sempre definirá. Mas a imagem que você traça, só terá valor para você se for criada por você mesmo.

Tornar-se Comprometido

Uma coisa é ter essas aspirações em mente. Como você se torna profundamente comprometido com essas coisas a ponto delas guiarem o que você prioriza diariamente — para conduzir o que você fará e o que não fará?

Quando eu estava com vinte e poucos anos, a Rhodes Trust me deu uma oportunidade extraordinária para estudar na Universidade de Oxford, na Inglaterra. Depois de viver lá por algumas semanas, ficou claro para mim que respeitar minhas convicções religiosas, naquele ambiente, seria muito inconveniente. Como resultado, decidi que já era tempo de descobrir, com certeza e por *mim mesmo* se o que eu havia traçado como imagem — a pessoa que quero ser — era realmente quem Deus queria que eu fosse.

Como consequência, reservei o horário das 11 da noite até a meia noite, todas as noites, para ler as escrituras, orar, e refletir sobre aquelas coisas, na cadeira ao lado do aquecedor em meu quarto frio no Queen's College. Expliquei para Deus que eu precisava saber se as coisas que estava segurando em minhas mãos eram verdadeiras — e o que elas implicavam no propósito da minha vida. Prometi que, se Ele respondesse a aquela pergunta, eu comprometeria minha vida em realizar aquele propósito. Eu também disse que se eles não fossem verdadeiros, que eu também precisaria saber — porque então me comprometeria a encontrar o que era verdade.

Então, me sentaria na cadeira, leria um capítulo e meditaria sobre ele. Isso foi mesmo verdade? E o que isto significa para minha vida? Então, me ajoelharia em oração — fazendo as mesmas perguntas e assumindo os mesmos compromissos.

Cada um de nós tem um processo diferente para comprometer-se com nossa imagem. Mas o que é universal é que sua intenção deve ser a de responder a esta pergunta: Quem eu realmente desejo ser?

Se você começar a perceber que a imagem que traçou para si mesmo não é a certa — que isto não é a pessoa que você quer ser — então você precisa revisar sua imagem. Porém, se ficar claro que esta é a pessoa que você quer ser, então você deve devotar sua vida para tornar-se aquela pessoa.

Posso recordar-me, com perfeita clareza, a intensidade, com que me concentrei na busca pelo conhecimento se minha imagem estava certa — e então me comprometi com ela. É esta intensidade que verdadeiramente a torna valiosa — ela se transforma nos traços do pincel em tinta a óleo que poderosamente replicam sobre a tela o que começou com um desenho a lápis no papel.

À medida que segui esse processo, ficou claro para mim, pelos sentimentos que tive em meu coração e pelas palavras que me vieram a mente que eu estava certo em minha imagem. Isso confirmou para mim que as características que eu tracei —

bondade, honestidade, perdoar, ser altruísta — eram as certas. Eu vi em minha imagem uma clareza e magnitude que eu nunca havia concebido antes. Ela verdadeiramente mudou meu coração e minha vida.

Para mim, definir a imagem da pessoa que eu queria ser foi natural. Entretanto, estar profundamente comprometido para tornar-me realmente este tipo de pessoa foi difícil. Cada hora que passei fazendo aquilo enquanto estive em Oxford, eu não estava estudando econometria aplicada. Naquele tempo eu estava em conflito sobre se poderia realmente me dar ao luxo de usar aquele tempo longe de meus estudos, mas eu estava preso a ele.

Se, em vez de passar aquela hora todos os dias, eu estivesse aprendendo as mais recentes técnicas para dominar os problemas de autocorrelação na análise de regressão, eu teria desperdiçado muito a minha vida. Eu aplico as ferramentas da econometria algumas vezes ao ano, mas aplico meus conhecimentos do propósito da minha vida todos os dias. Esta é a porção de conhecimento mais valiosa e útil que eu ganhei.

Encontrando a Medida Certa

A terceira parte do meu propósito de vida era compreender a medida pela qual minha vida será medida. Para mim, isso foi o que mais demorou. Eu não vim a entender até cerca de quinze anos depois da experiência de Oxford.

Eu estava indo para o trabalho de manhã bem cedo, quando tive uma sensação repentina e forte de que eu receberia uma nova e importante tarefa dada por minha igreja, que não tem clérigo e pede para que cada membro arque com obrigações importantes. Algumas semanas antes, tomei conhecimento que o líder de uma igreja em particular, nas redondezas, estava de partida. Somei dois mais dois e concluí que era por causa dessa oportunidade que eu havia tido a sensação.

Mas não foi o que aconteceu. Descobri que outro homem foi solicitado para servir naquela posição. Eu estava arrasado — não porque eu tivesse aspirado uma posição na hierarquia, mas porque sempre aspirei desempenhar um importante papel no fortalecimento de nossa igreja. De alguma forma, eu achava que se tivesse recebido essa função eu estaria em posição de fazer melhores coisas para as pessoas do que não estando naquela função.

Isso me lançou em um período de dois meses de crise, eu acreditava que poderia ter feito um excelente trabalho.

Como tem sido tão frequentemente o caso nas partes mais difíceis da minha vida, essa confusão pessoal precipitou um discernimento que se tornou o terceiro elemento do meu propósito — a medida pela qual minha vida será avaliada. Eu compreendi que, restritos pelas habilidades de nossas mentes, nem sempre conseguimos ver o quadro todo.

Deixe-me explicar em termos administrativos: os delegados de polícia precisam olhar os números de cada tipo de crime, de tempos em tempos, para saber onde suas estratégias estão funcionando. O gestor de um negócio não pode ver a saúde total da empresa apenas olhando para pedidos específicos de clientes específicos; ele ou ela precisa ter coisas agregadas como receitas, custos e lucros.

Em resumo, precisamos agregar para nos ajudar a ver o quadro todo. Isto está bastante distante de ser o caminho exato para se avaliar coisas, mas é o melhor que podemos fazer.

Em razão dessa necessidade implícita de agregação, desenvolvemos um senso de hierarquia: pessoas que presidem sobre mais pessoas são mais importantes que as pessoas que são líderes de poucas pessoas. Um diretor-executivo é mais importante que o gerente geral de uma unidade de negócios, aquele gerente geral é mais importante que o diretor de vendas, e assim por diante.

Agora, deixe-me explicar em termos religiosos: Entendi que Deus, ao contrário de nós, não necessita das ferramentas dos estatísticos ou contadores. Até onde eu sei, Ele não tem organograma. Não há necessidade de agregar nada além do nível de uma só pessoa para compreender completamente o que está acontecendo na humanidade. Sua única medida de sucesso é o indivíduo.

De algum modo, depois de tudo isso, comecei a compreender que enquanto muitos de nós podem falhar ao avaliar nossas vidas pelos resumos estatísticos, tal como o número de pessoas sobre as quais presidimos, números de premiações ou dinheiro acumulado no banco, e assim por diante, a única medida que realmente importará para minha vida são os indivíduos aos quais fui capaz de ajudar, um por um, a se tornarem pessoas melhores. Quando eu tiver minha entrevista com Deus, nossa conversa se concentrará nas pessoas cuja autoestima fui capaz de fortalecer, cuja fé fui capaz de reforçar e cuja dificuldade fui capaz de suavizar — um fazedor de boas obras, independentemente de qual atribuição tive. Essas são as medidas que importam ao avaliar minha vida.

Esse entendimento, que aconteceu cerca de quinze anos atrás, me guiou todos os dias a buscar oportunidades para ajudar as pessoas de formas feitas sob medida para suas circunstâncias individuais. Como resultado, minha felicidade e meu senso de valor tem sido imensuravelmente aumentados.

A Coisa Mais Importante Que Você Ainda Vai Aprender

Tenho passado pela vida como pai, marido, executivo, empreendedor, cidadão e professor; o conhecimento do propósito que produzi foi essencial. Sem ele, como eu poderia saber como colocar as coisas importantes em primeiro lugar?

Isto foi colocado em relevo absoluto recentemente, à medida que tive que navegar por um dos maiores desafios da minha vida. Quase imediatamente depois de começar a escrever este livro com James e Karen, e em período em que o câncer estava em remissão, sofri um acidente vascular cerebral isquêmico. Um coágulo alojou-se em uma parte do meu cérebro onde a fala e a escrita são formuladas. Isto resultou em "afasia expressiva". Eu não posso falar ou escrever, além de umas poucas palavras inicialmente.

Isso foi difícil. Meu trabalho como professor depende dessas faculdades.

Desde aquele dia, tenho trabalhado para aprender a falar novamente, uma palavra de cada vez. Recuperar minhas faculdades cognitivas e minha fala foi tão urgente e o progresso foi tão desencorajadoramente lento que sugou todo meu tempo e energia. Pela primeira vez em minha vida eu me concentrei em mim mesmo e em meus problemas. Foi uma espiral descendente entorpecente — e pela primeira vez na minha vida eu realmente me desesperei. Quanto mais eu me concentrava em meus problemas, menos energia eu tinha para ficar melhor.

Reconheci que havia chegado a uma bifurcação na estrada. Eu poderia tentar esconder meus problemas, retirar-me do mundo e concentrar-me em mim. Ou poderia mudar de caminho. Resolvi que precisava redirecionar o foco para gastar o máximo da minha capacidade cognitiva e física possível naquilo que eu sabia ser o meu propósito. E assim fiz — me concentrar em resolver os desafios dos outros em vez dos meus próprios — o desespero fugiu e eu senti alegria novamente.

Prometi a meus alunos que se eles reservassem um tempo para descobrir o propósito de suas vidas, ao olharem para trás, para isso, veriam a coisa mais importante que eles jamais esquecerão. Eu os alertei a respeito do tempo deles na escola, que pode ser o melhor tempo para refletir profundamente sobre essas questões. O ritmo acelerado das carreiras, responsabilidades familiares e recompensas tangíveis do sucesso tendem a tragar o tempo e a perspectiva. Eles simplesmente navegarão para fora de seu tempo na faculdade, sem leme, e serão fustigados nos ásperos mares da vida. A longo prazo, a clareza sobre o propósito é o que sobrepuja o conhecimento do custeio baseado em atividades, critérios de avaliação balanceados, competência essencial, inovação disruptiva, os quatro Ps, as cinco forças, e outras principais teorias de negócios que ensinamos em Harvard.

O que é verdade para eles também é verdade para você. Se você reservar tempo para descobrir seu propósito na vida, prometo que você olhará para isso como a coisa mais importante que você precisará aprender.

* * *

ESCREVI ESTE LIVRO com meus maravilhosos e capazes coautores, para auxiliar você a ser bem-sucedido e feliz em sua carreira. Esperamos que ele o ajude a encontrar felicidade profunda no íntimo e amoroso relacionamento com os membros de sua família e seus amigos — porque você concede a eles os investimentos de seu tempo e talento que eles merecem. Esperamos também que este livro reforce a sua determinação de conduzir sua vida com integridade. Mas, acima de tudo, esperamos que no final, todos nós sejamos julgados bem-sucedidos pela medida que realmente importa.

Como avaliar sua vida?

AGRADECIMENTOS

Muitos pesquisadores empresariais, consultores e escritores criam e vendem a todos nós visões estáticas — imagens instantâneas — de tecnologias, empresas e mercados. Essas imagens instantâneas descrevem, em um momento específico no tempo, as características e práticas de empresas bem-sucedidas versus aquelas que têm problemas; ou de executivos que estão apresentando desempenho melhor em comparação com aqueles que não estão no momento da imagem instantânea. Explícita ou implicitamente, eles então afirmam que, se deseja apresentar desempenho tão bom quanto aqueles com ótimo desempenho, você deve seguir o que as melhores empresas e os melhores executivos fazem. As imagens instantâneas nos mostram aqueles que estão à frente e atrás na corrida. Mas elas nos dizem pouco sobre como essas pessoas chegaram lá. Tão pouco nos dizem o que é provável que aconteça no futuro daqueles capturados na imagem instantânea.

Meus colegas, meus alunos e eu evitamos a profissão de fotógrafo. Em vez disso, estamos fazendo "filmes" de gerenciamento. Estes não são, porém, os filmes típicos que você pode ver em um cinema, onde vê-se a ficção que foi concebida na mente dos produtores e roteiristas. Os filmes incomuns que estamos rodando em Harvard são as "teorias" que resumimos neste livro. Elas descrevem o que *faz* com que as coisas aconteçam e *porquê*. Essas teorias compõem os "enredos" nesses filmes. Em contraste com os filmes em um cinema, que estão cheios de suspense e surpresa, os enredos de nossos filmes são perfeitamente previsíveis. Você pode substituir os atores neles (pessoas, empresas e ramos diferentes) e assistir ao filme novamente. Você pode escolher as ações desses atores no filme. Porém, como os enredos nesses filmes baseiam-se em teorias de causalidade, os resultados dessas ações são perfeitamente previsíveis.

Chato, não? Provavelmente para aqueles que buscam entretenimento. Mas para os gerentes que precisam entregar resultados, as teorias permitem essencialmente que eles façam simulações, prevejam os resultados de curto e longo prazo de diversas ações. Como a teoria é o enredo, você pode rebobinar o filme e assistir repetidamente o passado, se quiser, para entender o que causa o quê e porquê, até aquele momento. Outra característica dos filmes desse tipo é que você pode ver o futuro, também — antes que ele realmente ocorra. Você pode mudar seus planos com base em diferentes situações em que pode se ver envolvido, e pode ver no filme qual será o resultado.

Sou profundamente grato a muitas pessoas que me ajudaram a desenvolver este corpo de teoria que descreve como funciona o mundo dos gerentes. Os professores Kent Bowen e Willy Shih me ensinaram o significado da teoria e como usar o processo científico para criar poderosas teorias no campo das ciências sociais. A orientação deles em minha pesquisa foi inestimável.

Meus outros colegas professores (Steve Kaufman, Ray Gilmartin e Chet Huber), meus alunos do MBA e doutorado em Harvard e no MIT, e os parceiros e membros da Innosight e do Instituto Innosight são algumas das pessoas mais inteligentes e mais altruístas do mundo. Todos os dias eles usam nossas teorias para explorar formas de resolver problemas e criar oportunidades de crescimento para empresas. Mas eles também encontram situações ou resultado que a nossa pesquisa ainda não consegue explicar, e então me ajudam a resolver essas anomalias e a melhorar as teorias. Eu nunca imaginei que teria essa oportunidade de trabalhar com pessoas desse calibre. E nunca imaginei que meus alunos pudessem ser, de fato, meus professores.

Muitos daqueles que escrevem sobre como encontrar a felicidade em nossas famílias e vidas pessoais estão usando os mesmos tipos de imagens instantâneas — das pessoas bem-sucedidas e famílias felizes justapostas em comparação com as mal sucedidas e infelizes. Eles também prescrevem fórmulas simples, prometendo que, se você fizer as mesmas coisas que eles fazem, você também será bem-sucedido e feliz. A afirmação fundamental deste livro é que as teorias que descrevem como funciona o gerenciamento também explicam muito sobre o que causa o sucesso e a felicidade na família, no casamento e dentro de nós mesmos — e que causa o oposto também. Isso significa que as teorias, ou "filmes", que nos permitem vislumbrar o que o futuro reserva para as empresas podem nos ajudar a ver os resultados previsíveis que surgem de escolhas e prioridades que podemos fazer em nossas vidas pessoais.

Muitas dessas ideias surgiram nos cultos de domingo com outros membros da Igreja de Jesus Cristo dos Santos dos Últimos Dias, na última década, em todo o quadrante nordeste da América do Norte. É difícil descrever essas reuniões para aqueles que nunca as vivenciaram. Seu rigor intelectual é comparável àquele que eu vivenciei em Harvard. Mas o discernimento espiritual é incomparável: aprendemos coisas de fora para dentro e de dentro para fora, aprendemos como nossas vidas serão medidas. Eu sou grato por ter esses amigos maravilhosos, com quem eu continuo aprendendo muito sobre as verdades da eternidade.

Eu não consigo imaginar como poderia ter encontrado colegas mais capazes do que Karen Dillon e James Allworth para serem coautores deste livro. Eles obtiveram pacientemente *insights* importantes, mas que estavam presos em meu cérebro, à medida que eu lutava para me recuperar do derrame que tive. Convidei-os a trabalhar comigo porque as perspectivas deles sobre o mundo diferiam da minha. Mesmo quando eu conseguia ser apenas um contribuinte verbal limitado, eles de alguma forma, conseguiram liderar argumentos e discussões equilibradas entre nós três, representando as minhas visões perfeitamente, mesmo quando eu não conseguia verbalizar de forma convincente minhas preocupações e contribuições. James é um dos mais inteligentes dos milhares de estudantes que conheci na Escola de Negócios de Harvard nas últimas duas décadas. Mas ele é um homem verdadeiramente humilde e altruísta. Karen está entre as melhores escritoras e editoras neste planeta; edição após edição, sua arte ficava evidente em cada página da revista *Harvard Business Review*. Eu consegui colegas competentes e fiz amigos para a vida toda por meio desse processo. Nunca vou conseguir lhes agradecer o suficiente.

Quando minha vida ficou complicada, eu teria me tornado um professor confuso, distraído se não fosse por Lisa Stone e Emily Snyder. Elas trouxeram serenidade, bondade, ordem, beleza e diversão para o meu mundo e para todos que elas chegam a conhecer. Meus visitantes normalmente deixam a sensação de que conhecer Emily ou Lisa foi o destaque da visita deles. Clay é secundário.

Minha esposa, Christine, e nossos filhos, Matthew, Ann, Michael, Spencer e Katie, questionaram, testaram, editaram e responderam a cada parágrafo deste livro. E bem que deveriam, porque o desenvolvimento e a aplicação dessas ideias realmente foram um assunto de família. Quando me apaixonei por Christine, já tinha visto algumas imagens instantâneas sobre casamento e paternidade. Nós e nossos filhos já estudamos individual e coletivamente os filmes que as teorias deste livro nos deram. É bastante impressionante ver a precisão com a qual o enredo nesses filmes previu os resultados das ações que escolhemos. Não tenho palavras para agradecer a coragem que eles tiveram ao fazer as escolhas que nos proporcionaram tanta felicidade. Dedico este livro a eles e espero que os pensamentos deste livro ajudem você da mesma forma como nos ajudou.

— *Clayton Christensen*

DEVO CONFESSAR: SE você me dissesse três anos atrás, logo antes de eu embarcar em uma aventura numa escola de negócios em uma terra distante, que eu sairia do outro lado como coautor de um livro... bem, eu tenho quase certeza de que não acreditaria. Se você me dissesse que seria um livro com base em aplicação de algumas das teorias de negócios mais rigorosas do mundo visando encontrar a felicidade e realização na vida... bem, nesse caso, eu acho que até teria rido.

É engraçado como a vida acaba nos surpreendendo.

O ponto de partida dos meus agradecimentos certamente tem que ser uma pessoa a qual eu me sinto incrivelmente sortudo de poder chamar de mentor e amigo: Clay Christensen. Posso dizer que o caminho da minha vida mudou no primeiro dia em que eu me sentei na sala de aula com Clay. Depois de nos advertir de que ele aprendeu muito com as aulas que ele considerava as mais difíceis na escola, ele me ganhou (essa é uma escola de negócios — faça a pergunta inesperada e muitas vezes difícil no início da aula). Em uma cena a ser utilizada muitas vezes depois, ele esperou pacientemente enquanto eu percorria meu caminho com nervosismo e, em seguida, muito suavemente certificou-se de que todos nós havíamos verdadeiramente entendido a resposta à pergunta que ele fez. Repita isso por um semestre — aprender com um professor que tem um interesse genuíno e preocupação com todos em sala de aula, e que é por acaso uma das pessoas mais inteligentes do mundo — e, no final, eu prometo a você que terá aprendido muita coisa. Tudo que Clay faz tem uma motivação vinda de um interesse e preocupação verdadeira por aqueles que o rodeiam. Durante todo o tempo que o conheço, nunca o vi hesitar. Aconteceu no meio do semestre, quando ele foi diagnosticado com câncer — assim que pôde, ele voltou direto para a sala de aula com a gente. Foi algo esmagadoramente poderoso no nosso último dia de aula, quando ele resolveu conosco as três perguntas contidas neste livro. A família dele estava na sala no momento, nenhum de nós tinha a menor ideia se era a última vez que ele conseguiria dar aquela aula. O único efeito que parecia ter sobre ele era o de deixá-lo ainda mais determinado a nos ajudar.

Durante muito tempo, eu me perguntei o que havia feito para merecer o privilégio de trabalhar com Clay. Em parte do meu tempo trabalhando com ele, eu cheguei a perceber que, na verdade, eu não era o centro de tudo e aquilo não se tratava só de mim. Nas palavras de Goethe: "Trate as pessoas como se elas fossem o que deveriam ser e ajude-as a se tornar o que são capazes de ser". Ele poderia ter me deixado *pensar* que eu o estava ajudando, mas, na realidade, ele é que sempre estava me ajudando.

Clay: Eu aprendi muito com você. Além dos meus pais, você fez mais para mudar a maneira como eu penso o mundo do que qualquer outra pessoa. Muitíssimo obrigado.

Há uma outra pessoa que, no decorrer deste livro, eu tive o prazer de conhecer muito bem e que agora também tenho o privilégio de conseguir chamar de boa amiga: Karen Dillon. Quando nos conhecemos, eu estava passando por um momento em que precisava da ajuda dela, mas em que ela não tinha nenhum motivo real para me ajudar. Qual foi a reação dela? Ajudar-me tanto quanto podia, e muito mais. Da mesma forma que a minha primeira interação com Clay foi para prefigurar o nosso relacionamento, o mesmo ocorreu com Karen. Ela é alguém que não faz nada pela metade, é paciente, altruísta, tem o senso de humor mais maravilhoso do mundo, e acreditem, ela é incrivelmente inteligente também. Considero-me uma pessoa de muita sorte não só por tê-la conhecido, mas por ter tido a chance de trabalhar com ela. Sempre que as coisas começaram a ficar difíceis, Karen foi aquela pessoa que nos tirou da dificuldade, de novo e de novo — com sua inteligência, humor e com uma ilimitada atitude positiva. Na verdade, é quase *divertido* enfrentar a adversidade com Karen ao redor; além de sabermos que ela nos dá cobertura, ainda sabemos que ela nos ajudará a vencer.

Karen: você tornou este projeto inteiro uma alegria. Não há ninguém que eu prefira ter ao meu lado nas trincheiras além de você.

Hollis Heimbouch, nosso editor da HarperCollins. Hollis, obrigada por ter fé neste projeto, e por ter fé em nós. Eu sei que nem sempre facilitamos a sua vida, mas não tenho nenhuma dúvida de que seus esforços tornaram este projeto muito melhor do que ele jamais podia ter sido.

Danny Stern, nosso agente. Danny, obrigada também por acreditar em nós. Há poucas pessoas que engendram um senso de confiança como você fez; seus conselhos francos e destemidos foram imensamente úteis ao longo deste processo.

Há muitos colegas que nos deram assessoria, *feedback* e sugestões de como realizar este projeto: Wrede Petersmeyer, Max Wessel, Rob Wheeler, Rich Alton, Jason Orgill e Lucia Tian. Obrigada, pessoal. O brilho, humor e paciência de vocês não só tornaram o projeto muito melhor do que seria, mas vocês não têm ideia do quão importante foram ao me manter são em Morgan 130! Eu realmente não poderia ter pedido um grupo mais maravilhoso que esse para trabalhar.

Lisa Stone e Emily Snyder, que não só ajudaram a nos manter organizados, mas também a nos manter motivados. Lisa e Emily, vocês não têm ideia de quanto o entusiasmo ilimitado que nos passaram ajudou quando o caminho à nossa frente ficou difícil.

Há algumas pessoas da sala de 2010 da Escola de Negócios de Harvard a quem eu devo agradecer: Christina Wallace, cuja ideia era a de Clay falar com a nossa turma de graduandos, e

Patrick Chun e Scott Daubin, nossos presidentes de sala, que tiveram a ideia e a tornaram realidade. Muitos de nós reconhecemos que a mensagem que Clay compartilhou conosco em sala de aula naquele dia merecia ser compartilhada de forma mais ampla; vocês rapazes, tiveram a visão e determinação para fazer algo a respeito disso.

Devo um muito obrigado a muitos dos meus professores pela ajuda e orientação nas várias fases deste processo. Peter Olson, obrigado por sua orientação e ajuda na navegação das águas traiçoeiras do mundo literário. Seu conselho e encorajamento foram inestimáveis. Da mesma forma, agradeço à Anita Elberse: meu corpus inteiro de referência das indústrias de conteúdos veio, em grande parte, de sua aula. Minhas desculpas pelas numerosas emboscadas nos corredores, e obrigada por tão generosamente partilhar seu conhecimento e suas ideias. Finalmente, Youngme Moon: obrigada por suas muitas e maravilhosas sugestões e para a comercialização de nossos esforços, e por ser tão generoso com seu tempo ao me permitir trocar ideias com você.

Quero agradecer aos meus amigos da Booz & Co. pela paciência e apoio. Em especial, duas pessoas que vêm à mente: Tim Jackson e Michele Huey. Eu duvido que teria feito isso aqui, em primeiro lugar, sem a ajuda de vocês. Obrigada a ambos.

Há uma história que Clay conta no segundo capítulo deste livro que fala dos colegas de sala dele mantendo uns aos outros honestos, incentivando uns aos outros a fazer algo com suas vidas que realmente sentem que será significativo. Eu abri um sorriso enorme quando ouvi essa história pela primeira vez, porque, embora como estudantes da Escola de Negócios de Harvard, Clay e eu estamos separados por alguns anos, e eu também me beneficiei exatamente da mesma coisa. Um grupo dos meus próprios amigos me incentivou, me desafiou, me levou a fazer algo em que eu acreditava, algo que eu achava que era significativo, e eles não me deixaram em paz: Taahir Khamissa, Anthony Bangay, Gui Mercier e D.J. DiDonna. Da mesma forma, em casa, agradeço à Kamy Saeedi e à John Smith, que desempenharam um papel muito similar. Muitíssimo obrigado, rapazes.

Eu preciso agradecer às respectivas famílias dos meus dois coautores. Este foi um trabalho de amor para todos nós, e eu sei que as demandas deste projeto nos afastaram, por vezes, dos seus entes queridos. Além de tudo isso, pedimos que vocês editassem e nos dessem feedback, interrompemos tudo, de viagem a feriados, e até os arrastamos em algumas histórias contidas nestas páginas. Por terem sido a equipe de apoio que nos manteve na pista, Christine e Richard, vocês merecem meus agradecimentos especiais. Foi um imenso prazer conhecê-los.

E, então, há a minha própria e maravilhosa família. Meus pais, Mick e Susie, e minha irmã, Niki. Posso afirmar, com absoluta certeza, que sem a incansável ajuda, apoio e amor de vocês... bem, nenhuma das muitas oportunidades maravilhosas que tive, quanto mais este livro, eu teria tido. Eu sei o quanto vocês se sacrificaram por mim, e sei que não conseguirei, e poderei, agradecer o suficiente. Foi incrível ver como, conforme passamos por esse processo de escrever este livro, vocês parecem ter aplicado intuitivamente muito do que está contido na obra em nossa própria família. Devo-lhes mais agradecimentos do que eu jamais poderei colocar no papel.

E, finalmente, quero agradecer a *você*, a pessoa lendo este livro agora. Obrigado por confiar em nós ao pegar este livro e ouvir o que temos a dizer. Dedicamo-nos de alma e coração a ele na esperança de que consigamos ajudá-lo, e isso teria sido em vão se você não fosse tão generoso para nos dar a chance de escrevê-lo.

Eu realmente, realmente espero que você consiga tirar o máximo proveito dessas páginas, como eu fiz ao ajudar a criá-las.

— James Allworth

CONHECER O CLAYTON CHRISTENSEN mudou a minha vida.

Na primavera de 2010, como editora da revista *Harvard Business Review*, eu tinha procurado pessoas para um artigo no qual gostaria de acrescentar um toque especial para a edição dupla do verão 2010. Percebi que os alunos prestes a se formar pela Escola de Negócios de Harvard naquela primavera tinham entrado na Escola de Negócios quando a economia ainda era cor de rosa e tudo parecia possível, mas eles estavam, naquele momento, se formando e entrando num mundo de incertezas. Fiz contato com Patrick Chun, copresidente da classe de alunos graduando pela Escola de Negócios de Harvard, para ter algumas ideias. Foi Patrick que primeiro me disse que Christensen fora selecionado pela sala para discursar à eles e que as palavras dele foram extraordinariamente comoventes.

Então abordei Clay e perguntei se poderíamos nos ver em seu escritório para tentar capturar um pouco do que ele havia dito aos estudantes. Ele aceitou prontamente, e eu perambulei no campus com um gravador digital e com uma agenda para obter um artigo para a minha revista.

Quando entrei em seu escritório, eu estava pensando apenas sobre a vida dos estudantes que estavam se graduando no curso de MBA. Quando saí, uma hora mais tarde, estava pensando somente em mim.

Clay questionou cada pergunta, discutiu cada teoria, vibrou comigo. Como eu revisei a transcrição de nossa conversa original nos meses seguintes, consigo ver a discussão salpicada com meus próprios pensamentos em evolução. Eu estava realmente alocando meus recursos nas coisas que mais importavam para mim? Eu tinha uma estratégia para a minha vida? Eu tinha um propósito? Como avaliar a minha vida?

Eu estava no estacionamento da Escola de Negócios de Harvard, algumas horas depois, e sabia que não tinha gostado das minhas respostas àquelas perguntas. Desde então, mudei quase tudo na minha vida com o objetivo de refocar na minha família. Pedi demissão da *Harvard Business Review* na primavera de 2011 com desejos de sorte dos meus colegas e passei os meses seguintes tentando equilibrar o ato de escrever este livro com Clay e James e o ato de estar verdadeiramente presente nos momentos de minha própria vida, e mais importante, na vida de meu marido e filhas. Não me arrependi de nenhuma decisão que tomei desde o dia em que deixei, pela primeira vez, o escritório de Clay.

Foi uma honra trabalhar com meus coautores, Clay e James, neste livro. Este livro é um reflexo de muitas e muitas horas de discussão e debate entre nós três. Eu me considero uma pessoa de sorte por ter tido o benefício inestimável de aulas particulares sobre as teorias de Clayton Christensen. Mas o mais importante: considero-me privilegiada por ter tido a oportunidade de colaborar com um homem que é brilhante, amável, generoso e não só por uma parte do tempo, nem muito do tempo, mas o tempo todo.

E James, não conseguiria imaginar a jornada que faríamos juntos quando conversamos pela primeira vez na primavera de 2010. Trabalhar com você me obrigou a progredir em todas as formas possíveis. Eu aprendi muito com você, e não foi só como é maravilhoso ter um verdadeiro parceiro com quem colaborar e rir ao longo do caminho. Você é uma das pessoas mais brilhantes e mais decentes com quem eu já tive o privilégio de trabalhar. Para mim, um dos melhores resultados deste projeto foi a maravilhosa amizade que forjamos nos dias, semanas e meses de trabalho tão focado em algo com o que nos importamos profundamente.

Eu gostaria de agradecer aos meus colegas da *Harvard Business School* (*HBR*) pelo apoio no artigo original (e aos meus planos subsequentes de recalibrar a minha vida), ao notável editor-chefe do *Harvard Business Review Group*, Adi Ignatius, que me apoiou e a ideia do artigo desde o início; a editora-executiva, Sarah Cliffe, cujos sábios conselhos e sugestões melhoraram tudo o que eu já fiz; à Susan Donovan, que poliu o artigo original à perfeição; à Karen Player, que assegurou que o artigo ficasse muito bem apresentado; à Dana Lissy, que sempre me permitiu desafiar os limites de tempo e espaço por algo útil; à Eric Hellweg, que garantiu que o artigo encontrasse seu público no HBR.org e que deu sábios conselhos sobre a Web desde então; à Christine Jack, que constantemente me motivou, sendo uma colega muito gentil; e à Cathy Olofson, agora no Instituto Innosight fundado por Christensen, que garantiu que o artigo fosse parar nas mãos corretas. Tina Silberman, obrigada por ser a parceira perfeita de reunião. Eu sei que ninguém nunca vai chegar perto de você! A assistente de Clay na primavera de 2010, Lisa Stone, foi muito útil na elaboração do artigo original. Emily Snyder, assistente atual de Clay, foi uma verdadeira luz brilhante: a fonte de apoio incessante ao longo da escrita deste livro. Danny Stern e sua equipe na Stern + Associates ofereceram orientação e incentivo constantes ao longo deste processo. Diane Coutu, agradeço por compartilhar a sua visão entusiástica de reinventar sua própria vida comigo naquele único dia em que dirigimos pela cidade juntas. Você não tem ideia das coisas maravilhosas que me ajudou a pôr em ação. Tenho contigo uma enorme dívida eterna de gratidão.

Eu queria agradecer ao Skype, ao Google Docs e ao Dropbox por nos proporcionar a possibilidade de escrever este livro com coautores em Boston enquanto vivíamos em Londres, mas James me disse que devemos, em vez escrever um blog sobre como usamos essas ferramentas para construir o nosso extraordinário relacionamento.... Então, isso vai ter que esperar.

Mas acima de tudo, quero agradecer à minha família. Aos meus pais, Bill e Marilyn Dillon, que, instintivamente, criaram a cultura familiar mais maravilhosa, forte e amorosa que eu poderia ter esperado. Eu considero um objetivo de vida ser para os meus filhos metade do que os meus pais foram para mim. À minha irmã, Robin, e ao meu irmão, Bill. Tenho orgulho em dizer que, mesmo depois de todos esses anos, eu ainda os considero os meus amigos mais íntimos.

E ao meu marido, Richard Perez, e às minhas filhas, Rebecca e Emma, que enfrentaram mudanças drásticas em suas próprias vidas para apoiar o meu trabalho neste livro e a minha busca na redefinição da minha vida. Vocês me deram apoio e inspiração de toda forma possível. Eu considero um presente ser esposa dele e mãe delas. Em vocês descobri o meu propósito. Eu sei como avaliar minha vida.

— *Karen Dillon*

Este livro foi impresso nas oficinas gráficas da Editora Vozes Ltda.,
Rua Frei Luís, 100 – Petrópolis, RJ.